订阅经济

一场商业模式的全新变革

安福双　编著

电子工业出版社

Publishing House of Electronics Industry

北京·BEIJING

内 容 简 介

本书深入探讨了一种新的商业模式——订阅经济，从具体的落地应用和典型案例入手，深度剖析订阅经济的核心要素、崛起原因及具体类型，并且展望了订阅经济未来的发展趋势。另外，本书针对企业如何由传统订阅模式向订阅经济转型的问题，提出了具体流程和操作步骤。

本书深入浅出，附有大量直观的图表，既具理论性，又有实操干货，适合商界人士、创业者、学术研究者及对订阅经济感兴趣的人员阅读。

图书在版编目（CIP）数据

订阅经济：一场商业模式的全新变革/安福双编著. —北京：电子工业出版社，2021.1
ISBN 978-7-121-40099-5

Ⅰ. ①订…　Ⅱ. ①安…　Ⅲ. ①互联网络－商业模式－研究　Ⅳ. ①F713.36

中国版本图书馆 CIP 数据核字（2020）第 240819 号

责任编辑：徐蔷薇　　文字编辑：王　群
印　　刷：三河市鑫金马印装有限公司
装　　订：三河市鑫金马印装有限公司
出版发行：电子工业出版社
　　　　　北京市海淀区万寿路 173 信箱　　邮编：100036
开　　本：720×1000　1/16　印张：15.25　字数：260 千字
版　　次：2021 年 1 月第 1 版
印　　次：2021 年 1 月第 1 次印刷
定　　价：78.00 元

前　言

本书讨论的是以奈飞（Netflix）为代表的订阅经济，读者可以通过本书了解其与报纸订阅等传统订阅模式的区别。

在我们的生活中，订阅无处不在。试想这样一个场景：在手机上看完订阅的新闻后，你进入厨房，打开今天的食材订阅盒子，准备一份虾烩饭，然后打开腾讯视频，用订阅会员的身份看最新上映的电影。或许你没有注意到，自己已经完全陷入订阅模式。

自奈飞崛起以来，各行各业都在采用订阅模式，因此，作者有意对这种在互联网、大数据、人工智能环境下产生的新商业模式进行梳理：为什么订阅经济会快速崛起？其背后有哪些推动力量？怎样打造一个订阅企业？

本书力图做到以下几点。

（1）坚持用数据"说话"，而不只进行逻辑推演和纯文字表述。

（2）尽量可视化，数据用图表呈现，商业模型、逻辑推演等用图片进行直观表达，从而使内容更加清晰，更便于读者朋友阅读。

（3）增加案例和故事。对商业模式的思考是严肃和深刻的，而案例和故事可以使阅读过程更加轻松、愉悦。

（4）尽量"接地气"，将深刻的道理浅显直白地表达出来。

（5）基于客观立场。一个新的商业模式不应该被无限制地吹嘘和夸大。订阅经济是有其内在缺点的，也有特定的适用场景，并不是无所不能的。

（6）本土化。书内有很多国内案例，本土化的案例能带来更多启发。

希望本书能让读者朋友们拥有轻松愉悦的阅读体验，同时能够受到启发、有所收获。

来吧，让我们一起开启订阅之旅！

安福双

2020 年 6 月

目 录

中篇　洞见：变革正在发生

下篇 实践：订阅转型指南

上 篇

趋势：全球订阅浪潮来袭

从英国、美国到我国、越南，从服装、啤酒行业到化妆品、在线音乐、农机行业，几乎每个国家的各行各业都有采用订阅模式的企业。

祖睿（Zuora）是美国一家订阅计费与支付解决方案厂商。祖睿每年都会编制一个订阅经济指数，该指数基于祖睿服务过的诸多订阅企业在祖睿平台上的各种数据，能够反映全球数百家订阅企业的增长情况，覆盖软件、物联网、媒体、电信等多个行业。

根据祖睿在 2019 年 3 月发布的《订阅经济指数报告》，2012—2018 年订阅经济指数如图 1 所示。订阅经济从 2012 年开始飞速发展，在之后的几年时间里，订阅经济指数（SEI）远高于美国零售指数和标准普尔 500 销售指数。

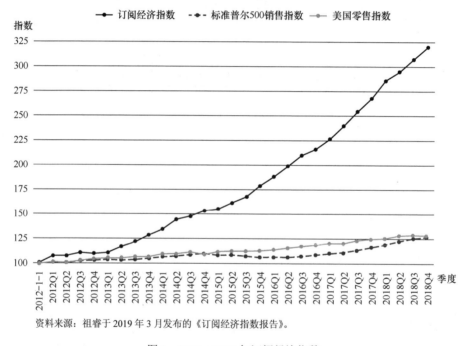

资料来源：祖睿于 2019 年 3 月发布的《订阅经济指数报告》。

图 1　2012—2018 年订阅经济指数

从全球来看，2019 年，欧洲订阅经济的发展已经超过了北美。欧洲的订阅经济指数是 187，北美则是 171。2016—2018 年，欧洲订阅企业复合增长率达到 25.6%，年均增长率为 23%，比美国高很多。

亚洲订阅经济指数目前的涵盖范围比较有限，只涵盖了澳大利亚、新西兰、日本等的订阅企业。相对于全球订阅经济指数，亚洲订阅经济指数增长较慢。亚洲订阅经济指数从2018年年初的100增长到2018年年底的116，增长率达到16%。亚洲订阅经济指数是澳大利亚标准普尔200销售指数的10倍、新西兰NZX-50销售指数的4倍、日经销售指数的2.5倍。

知名调研机构高德纳（Gartner）预测，到2023年，75%的企业会提供订阅服务。

订阅经济正处于蓬勃发展阶段。2011—2016年，订阅经济市场规模从5700万美元增长到26亿美元，年均增长率超过100%。截至2019年3月，全球已经有超过28000家企业提供订阅产品或服务。

第 1 章

这些行业都在尝试订阅模式

1.1　视频

1. 概述

在视频领域，奈飞是应用会员订阅模式最早、最彻底、最成功的企业，已跻身世界十大互联网公司之列。奈飞还是波士顿咨询公司评选出的 2018 年全球最具创新力企业之一，2018 年全球最具创新力企业如表 1-1-1 所示。

表 1-1-1　2018 年全球最具创新力企业

排　名	企　业	排　名	企　业
1	苹果	11	爱彼迎
2	谷歌	12	SpaceX
3	微软	13	奈飞
4	亚马逊	14	腾讯
5	三星	15	惠普
6	特斯拉	16	思科
7	脸书	17	丰田
8	IBM	18	通用电气
9	优步	19	橙子电信
10	阿里巴巴	20	万豪国际

亚马逊于 2016 年 4 月在美国推出独立的 Prime Video 视频流媒体服务。根

据 Strategy Analytics 的数据，Prime Video 已成为继奈飞之后的美国第二大视频流媒体服务商，在不包含原有亚马逊 Prime 服务用户份额的情况下，Prime Video 的市场份额为 25%，远高于第三位 Hulu 的 13%。

传统采用广告模式的视频网站也纷纷转型会员订阅模式。Hulu 在 2010 年正式推出订阅服务 Hulu Plus；2016 年 8 月，其宣布终止免费收看模式，把免费业务授权给 Yahoo View 播出。YouTube 也于 2015 年 10 月推出 YouTube Red 付费订购服务。

会员付费也成为我国视频行业的发展热点，其在 2016 年的发展更是突飞猛进。根据艺恩数据，2016 年，我国有效视频付费用户规模达 7500 万人，增速为 241%，我国成为继北美、欧洲之后的全球第三大视频付费市场。其中，乐视、爱奇艺、腾讯视频的付费会员数量均在 2016 年突破 2000 万人。2019 年，腾讯视频付费会员数量增长至 1.06 亿人，爱奇艺付费会员数量达到 1.07 亿人。根据《2019 中国网络视频精品发展研究报告》，我国网络视频用户规模已达 6.12 亿人，网络视频付费用户规模达到 3.4 亿人，付费订阅收入占视频网站总收入的 34.5%。

2. 案例：奈飞

奈飞成立于 1997 年，其在成立之初是一家在线影片租赁提供商。奈飞通过 "线上选择付费+线下实体租赁" 的 O2O 租赁服务模式，成功颠覆了传统实体 DVD 出租店的模式，并于 2002 年在美国纳斯达克上市。2018 年 5 月 24 日，奈飞市值超过老牌有线电视康卡斯特（CMCSA）。同年 5 月 25 日，奈飞市值超越迪士尼（Disney），达到 1609 亿美元，成为全球最具价值的媒体公司。

2005 年，美国在线视频服务商 YouTube 成立，随后成为全球在线视频市场占有率最高的网站。感受到在线视频服务提供商的崛起所带来的竞争与危机，奈飞在 2007 年推出基于付费订阅模式的视频流媒体业务。2007—2010 年，订购奈飞流媒体服务的美国用户平均每年增加 240 万人；2010 年，在奈飞推行全球化战略后，其全球用户平均每年增加 700 万人。2011 年，奈飞将公司业务拆分为两个版块：流媒体订阅服务、DVD 租赁服务。随着技术的发展，奈飞逐渐将经营重心转到流媒体订阅上。奈飞的商业模式如图 1-1-1 所示。

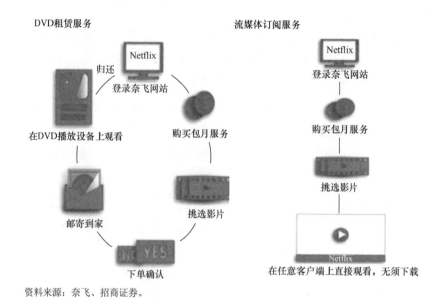

资料来源：奈飞、招商证券。

图 1-1-1　奈飞的商业模式

奈飞的商业模式转型使其大获成功，奈飞成为全美流媒体用户数量最多和全球付费用户规模最大的视频网站。与众多持续投入但难以赢利的视频网站不同，奈飞已连续多年实现赢利。2017 财年，奈飞的营业收入达 116.93 亿美元，同比增速达 32.41%，净利润达 5.97 亿美元，同比增速达 219.74%。2018 财年，奈飞的营业收入达到 158 亿美元，同比增长 35%，净利润达到 12.11 亿美元，付费会员数量达到 1.39 亿人，新增付费会员 2900 万人。此外，奈飞还加入了美国电影协会，成为好莱坞第七大电影制片公司。

2019 年第三季度，奈飞在全球 190 多个国家拥有超过 1.64 亿会员（其中，美国付费用户和国际付费用户基本各占一半），会员每天享受超过 1.4 亿小时的节目，包括原创剧集、电影、纪录片和专题片等。庞大的会员规模是奈飞收入增长的重要基础。奈飞自 2007 年开始涉足流媒体领域，到 2020 年年初，其公司市值已超过 1855 亿美元。

奈飞主要采用的是会员月费的付费模式，从单一收费模式逐渐过渡到层列式收费模式，提供更加多元化的会员套餐。2020 年的付费基准是 8.99 美元/月，用户可在 2 台终端设备上使用账号，这相对于每户 50 美元的有线电视费用很有吸引力。奈飞视频平台汇聚了海量的视频内容，用户可挑选自己喜欢的视频，然后进行付费观看；其展示界面友好且全程无广告，用户可随时看、随处看。另外，奈飞还结合基于大数据算法分析的推荐引擎深耕用户习惯需求，以提高视频的推荐成功率及降低营销成本。

在 2014 年之前，奈飞的订阅价格如表 1-1-2 所示。

表 1-1-2　奈飞的订阅价格

时　　间	形　　式	套餐价格（美元/月）	备　　注
2013 年之前	流媒体订阅+DVD 租赁	9.99	两大业务捆绑销售
2013 年	流媒体视频 1	6.99	可满足 1 台设备的使用需求
	流媒体视频 2	7.99	可满足 2 台设备的使用需求
2014 年 5 月	流媒体视频 1	7.99	可满足 1 台设备的使用需求
	流媒体视频 2	8.99	可满足 2 台设备的使用需求
2014 年 10 月	4K 超高清视频、家庭套餐	11.99	可与好友、家人共享，可同时满足 4 台设备的使用需求

资料来源：招商证券（2014 年受《纸牌屋》热播驱动，提价 1 美元/月）。

奈飞的会员忠诚度很高，在提高月费的情况下，会员的订阅热情不减。自制优质内容提升了奈飞的定价能力及订阅用户的忠诚度。奈飞套餐收费标准在 2014 年、2015 年和 2017 年进行了三次上调，第二类标准套餐（双屏高清）的月费从最初的 7.99 美元上涨至 10.99 美元，而会员数量依然维持正增长。奈飞会员数量变化如图 1-1-2 所示。在月费增长和会员数量增长的共同作用下，奈飞的营业收入快速增长。

资料来源：Bloomberg、招商证券。

图 1-1-2　奈飞会员数量变化

会员数量与营业收入、股价的正相关性显著。根据历史数据，奈飞会员数量与营业收入同步增长：奈飞会员数量从 2010 年第一季度的 0.14 亿人增长至 2018 年第一季度的 1.25 亿人，营业收入从 2010 年第一季度的 4.94 亿美元增长至 2018 年第一季度的 37.01 亿美元。剔除拆股、派息等特殊因素的影响，奈飞的会员数量与前复权后的股价也同步增长：奈飞股价从 2010 年第一季度的 10.53 美元增长至 2018 第一季度的 295.35 美元，年均复合增长率为 10.98%。

在奈飞大获成功后，传统的有线电视、科技巨头纷纷模仿其订阅模式，引发了视频订阅大战。订阅模式逐步从小众模式变为主流模式。美国采取订阅模式的主要视频网站如表 1-1-3 所示。

表 1-1-3　美国采取订阅模式的主要视频网站

类　　型	视频网站	所属公司	订阅价格（美元/月）	订阅人数（万人）
互联网公司	Netflix	奈飞	7.99（基础会员） 10.99（标准会员） 13.99（高级会员）	16400
	Prime Video	亚马逊	8.99（基础会员） 12.99（高级会员）	2600
	YouTube Red	谷歌	9.99	150
有线电视和通信公司	HBO Now、HBO Go	HBO	14.99	500
	CBS All Access	CBS	5.99	200
	Xfinity	康卡斯特	4.99	—
	DirecTV Now	AT&T	35（基础会员） 50（标准会员）	—
文化娱乐公司	Hulu	迪士尼	7.99（基础会员） 11.99（标准会员） 39.99（高级会员）	1700
	Acom TV	Rlj 娱乐	4.99	—

美国视频订阅收入的增长非常明显。Statista 预计，2020 年，美国视频订阅收入将达到 103.6 亿美元，而美国每日电视观看时长和有线电视用户数量近年来的萎缩迹象明显，视频领域的订阅时代已经到来。

在奈飞等国外视频订阅网站的影响下，国内的视频网站也开始从"免费+广告"的模式逐步向付费订阅的方向发展，腾讯视频、爱奇艺、优酷等都推出了会员订阅计划。

1.2　音乐

1．概述

音乐流媒体是会员付费应用最成熟的领域之一，其竞争也十分激烈，以声田（Spotify）和 Apple Music 为代表。声田成立于 2006 年，是全球最大的音乐流媒体服务商，其月活用户超过 1 亿人，月付费订阅用户达 4000 万人。依托终端设备优势，苹果公司于 2015 年 6 月在 110 个国家和地区推出音乐流媒体服务——Apple Music，仅用了一年半的时间，其付费订阅用户就突破 2000 万人。亚马逊是来势凶猛的"新玩家"，于 2016 年 10 月推出新的音乐流媒体服务 Amazon Music Unlimited；另外，亚马逊还推出了一个面向 Echo 设备的专属订阅计划，费用为每月 4 美元，是竞争对手价格的一半。除此之外，欧美等地还有潘多拉音乐、Rhapsody、Deezer、Tidal、Google Play Music 等众多有影响力的音乐流媒体服务商。

在继续提供免费服务的同时，我国的网络音乐已经开始重点发展会员付费业务，并且进展迅速。酷狗从 2015 年年底开始推出付费服务，仅用了不到一年的时间，其付费用户数量就突破 1000 万人；QQ 音乐的付费用户在 2016 年也达 1000 万人；网易云音乐的付费会员数量在 2016 年上半年增长了 3 倍。

和视频领域一样，音乐领域基本上同时发生了"流媒体+订阅"的变革。

全球音乐行业正在发生结构性改变，唱片销量急剧萎缩，而流媒体取代 iTunes 式付费下载，成为数字音乐的主要形式。音乐流媒体发展历程如图 1-2-1 所示。

IFPI《2018 年全球音乐报告》显示，数字音乐收入占全球录制音乐收入的一半以上（54%）。付费订阅用户数量的增长对收入的增长有很大的推动作用，全球音乐流媒体付费订阅用户数量变化如图 1-2-2 所示。

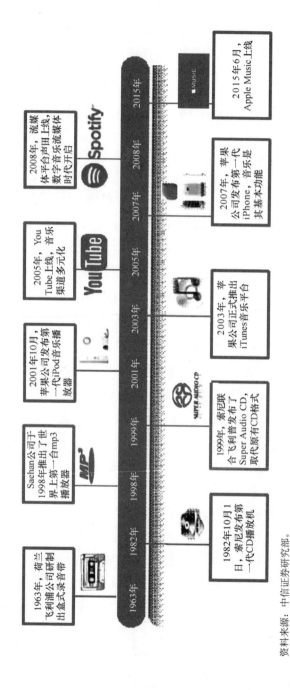

图 1-2-1　音乐流媒体发展历程

资料来源：中信证券研究部。

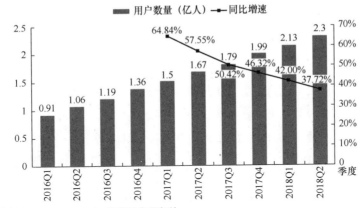

资料来源：MIDiA Research、国海证券研究所。

图 1-2-2　全球音乐流媒体付费订阅用户数量变化

互联网巨头、专业音乐流媒体公司纷纷抢占音乐流媒体赛道。2018 年上半年，全球音乐流媒体市场付费订阅用户已达 2.3 亿人，同比增加 37.72%，较 2017 年年底的 1.99 亿人增加 16%。2018 年上半年，全球音乐流媒体订阅收入达到 34.98 亿美元。在市场份额方面，声田以 36% 的占比位列第一，付费订阅用户达 8300 万人；其次为 Apple Music，占比为 19%，付费订阅用户达 4350 万人；亚马逊以 12% 的占比位列第三，付费订阅用户达 2790 万人；腾讯音乐以 8% 的占比位列第四，付费订阅用户达 1760 万人；Deezer、谷歌旗下的付费音乐产品和潘多拉音乐各自取得了 3% 的市场份额。2018 年上半年全球音乐流媒体付费订阅用户数量及市场份额如图 1-2-3 所示。

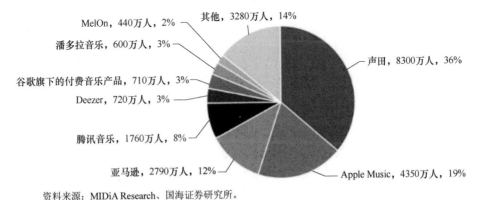

资料来源：MIDiA Research、国海证券研究所。

图 1-2-3　2018 年上半年全球音乐流媒体付费订阅用户数量及市场份额

　　付费订阅模式能够更好地满足用户需求，在丰富度、自由度、性价比等方面吸引力更大，已经成为音乐流媒体不可逆转的发展趋势。潘多拉音乐在广告收入增长乏力后，近年来也积极布局付费订阅业务。潘多拉音乐提供三种音乐服务，一是广告支持电台服务，用户可免费使用，但须接受广告；二是订阅电台服务——潘多拉音乐 Plus，付费用户不必观看广告，但不能完全按照自己的意愿选择歌曲，费用为 4.99 美元/月；三是按需订阅服务——潘多拉音乐高级服务，付费用户可以创建自己的歌单，类似声田、Apple Music 的付费服务，费用为 9.99 美元/月。

　　音乐流媒体付费收入占音乐产业总收入的比例如图 1-2-4 所示。

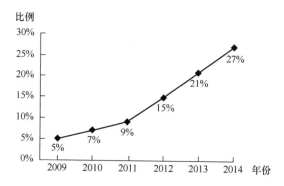

资料来源：美国唱片业协会、招商证券。

图 1-2-4　音乐流媒体付费收入占音乐产业总收入的比例

2. 案例：声田

　　声田已在加拿大、丹麦、法国、挪威、新加坡、日本、美国、中国（主要在香港地区）、波兰、荷兰、西班牙、比利时等 61 个国家和地区开展业务。声田发展历程如图 1-2-5 所示。

　　2015 年 7 月，声田推出其首个由算法驱动的播放列表功能：每周新发现，可根据用户的喜好和收听习惯，在每周一为用户提供由 30 首歌曲组成的播放列表。这一功能在吸引大量新用户的同时，成为吸引新艺术家及新音乐作品的平台要素。

　　2016 年，声田推出另一项产品功能：Release Radar，于每周五为用户提供其关注或者常听歌手的新歌列表，推动用户参与度和客户满意度的提升，进而推动付费订阅用户数量的快速增长。声田付费订阅用户数量变化如图 1-2-6 所示。

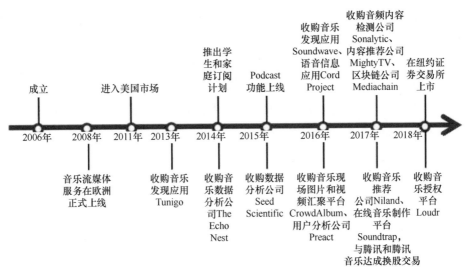

资料来源：声田官网、中信证券研究部。

图 1-2-5　声田发展历程

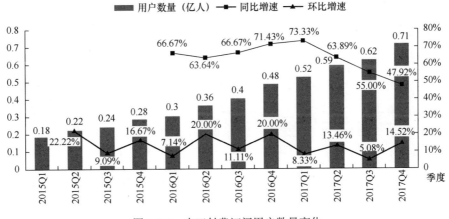

图 1-2-6　声田付费订阅用户数量变化

截至 2017 年第四季度，声田月活用户数量已达到 1.59 亿人，同比增加 29.27%，其中，付费订阅用户数量为 7100 万人，同比增加 47.92%，环比增加 14.52%，声田位列全球正版音乐流媒体订阅服务商首位。

2018 年 4 月 3 日，声田登陆美国纽交所。

声田采用免费增值模式，用户可以得到 30 天试用期以体验付费功能。一方面，免费增值模式可以帮助声田以最快速度提高用户渗透率；另一方面，其大部分付费用户都来自免费用户的转化，免费用户可为平台孵化付费用户。从权益来看，免费用户可以在线播放歌曲，但无法下载歌曲，而且在使用过程中必须接受出现在歌曲切换间隙的音频或视频广告。

从收入结构来看，付费业务收入来源于订阅费用，占比约为 90%；广告业务收入来源于广告投放，占比约为 10%。声田 2015—2017 年的付费业务收入分别为 17.44 亿欧元、26.57 亿欧元、36.74 亿欧元，占总收入的比例分别为 89.9%、90%、89.8%，而广告业务收入占总收入的比例均为 10% 左右。

声田提供多样化的付费套餐供用户选择，不同的套餐适合不同的人群，并且与当地用户的购买能力和购买意愿相匹配，包括家庭套餐、个人套餐和学生套餐。家庭套餐的费用为 14.99 美元/月，涵盖一个主要付费用户和不超过 5 个附属用户；个人套餐的费用为 9.99 美元/月，声田会给会员 30 天免费试用高级账户的权限；针对学生，声田则推出 5 美元/月的折扣价格。

1.3 游戏

在 2019 年 3 月的游戏开发者大会（GDC）上，谷歌公布了其野心勃勃的云游戏订阅计划。对游戏行业来说，这标志着一个新时代的开启：云游戏订阅到来。但是对游戏主机实体零售店等来说，这却是"灭顶之灾"。

为什么这么说呢？

我们现在玩游戏，不管是在电脑端、手机端还是游戏主机上，游戏画面的渲染、背后的运算等都是在本地的电脑、手机和游戏主机上运行的。而云游戏则把这些工作全部搬到云端的强大服务器上，然后把渲染好的游戏画面传输到手机、电脑等终端中，就像播放在线视频一样。云游戏的运作流程如图 1-3-1 所示。

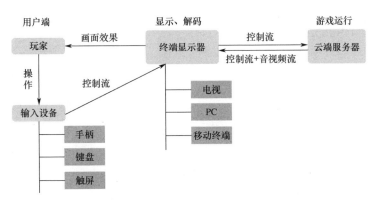

图 1-3-1　云游戏的运作流程

1．云游戏订阅的优势

相较于传统本地游戏，云游戏具有巨大的优势，具体如下。

（1）对游戏玩家的硬件要求大大降低。

以现象级游戏《绝地求生大逃杀》为例，要想让游戏流畅运行，电脑配置至少得是 6 核 CPU、16GB 内存、GTX 1070 以上的显卡，硬件费用至少需要七八千元。

而云游戏则对玩家的终端设备没有过高要求，低配置电脑、工作用笔记本电脑等都可以，用户不需要额外配备 Xbox 游戏机、PS 游戏机、高配置电脑等。

（2）多平台无缝切换。

想象一下：在外用平板电脑玩《侠盗猎车5》，然后在通勤路上用手机继续玩，回到家后在智能电视上继续刚才的进度，多么畅快惬意啊！

云游戏打破了不同系统和终端的限制，让玩家可以在多个终端之间无缝切换，拥有流畅的游戏体验。

（3）即点即玩，无须下载安装。

云游戏和在线视频一样，无须提前下载，点开即可以玩，这对大众来说是非常便利的。

对于高配置的本地游戏，用户在玩之前需要下载很大的游戏安装文件，然后将游戏安装到本地，不仅占用很大的存储空间，而且非常麻烦。云游戏将彻底淘汰这种费时费力的方式，让玩游戏像看视频一样简单方便。另外，用户体验新游戏的试错成本也会大大降低，遇到不喜欢的游戏可以随时放弃，然后点开其他想尝试的游戏。

云游戏订阅不仅是一场技术革命，还是一场商业模式的巨大革新。

云游戏订阅的盈利模式：收入主要基于游戏内容的销售，而不依赖广告或内购；用户按时间付费，如包月/包年畅玩整个游戏库，不按单个游戏付费。如此一来，游戏玩家可以用少量的钱玩海量的游戏，这是非常吸引人的。

以游戏《刺客信条：奥德赛》为例，官方推荐的 4K 画质所需的配置为 Intel Core i7-7700 处理器、16GB 内存、GeForce GTX 1080 显卡、46GB 存储空间，那么硬件价格约为 22000 元。如果按 5 年折旧、平均每天使用 5 小时来计算，平均每小时的成本为 2.47 元。而云游戏订阅的月订阅费用一般在 19 美元左右，平均每小时的成本不到 0.2 元，相差 10 倍多。另外，在传统模式下，每玩一个游戏需要支付几十元、几百元的费用，但在云游戏订阅模式下，只需 19 美元就可以在一个月内畅玩几百款游戏。因此，相对于传统游戏模式，云游戏订阅的优势是碾压式的。

毫无疑问，云游戏订阅是未来趋势，谁能率先布局云游戏订阅平台，谁就掌控了游戏行业的未来。

2. 巨头入场"游戏订阅"

早在 2010 年就有创业公司 OnLive 尝试云游戏订阅。近几年，全球科技巨头更是纷纷发力，一个接一个地推出云游戏订阅平台。据作者不完全统计，截至 2020 年 6 月 10 日，提供云游戏订阅的平台一共有 30 多个，但大部分处于初期尝试阶段。部分云游戏订阅平台情况如表 1-3-1 所示。

表 1-3-1　部分云游戏订阅平台情况

公　司	平　台	上线时间	支持的终端	游戏数量（个）	订阅费用（美元/月）
微软	Project xCloud	2017 年	Xbox、电脑	100 多	—
腾讯	腾讯即玩	2019 年	手机	14	—
索尼	PS NOW	2015 年	PS、智能电视、平板电脑、手机	750	19.99
谷歌	Project Stream（Stadia）	2019 年	网页、电脑、平板电脑、手机、智能电视	22	10

国外的微软、亚马逊、谷歌与国内的腾讯、阿里等巨头纷纷杀入，据悉苹

果也有意进入云游戏订阅领域。

首先，巨头们看中了云游戏订阅的巨大市场空间。

目前全球游戏玩家有约 20 亿人，如果将 20% 的玩家（约 4 亿人）转化为云游戏订阅用户，按照每人 10 美元/月收费，那么一年的市场规模可达 480 亿美元。如果乐观一些，云游戏订阅的渗透率最终能够达到视频流媒体的 80%，那么市场规模又可以翻几倍。

其次，现在是进入云游戏订阅领域的最佳时机。

在 2010 年就尝试云游戏订阅的 OnLive，成立不到两年就倒闭了，原因在于当时的网络带宽无法满足云游戏订阅的高速数据传输需求。云游戏不同于视频流媒体，需要实时交互，还要处理游戏中的物理引擎、照明效果等，不仅数据传输量大，而且必须高速传输数据。半秒的延迟就可能让玩家在游戏中输掉，也会给玩家带来不好的游戏体验。

现在，5G 正式商用，完全能够满足云游戏订阅的带宽需求。4K 电视、手机等高清屏幕逐渐普及，也可以将云平台渲染的高品质画面完美展现出来。另外，云游戏订阅需要大规模数据中心的支持。距离数据中心越近，云游戏订阅用户的体验越好。根据思科的预测，到 2021 年，超大规模数据中心的数量将从 2016 年的 338 个增长到 628 个，这能够进一步提升用户体验。

目前，云游戏的主要平台玩家有三类。

（1）游戏企业（包括硬件、发行、研发企业），如索尼、任天堂、微软、艺电。

他们的优势在于已有大量忠诚的游戏用户、丰富的游戏内容，可以很快地将其迁移到云游戏订阅平台中。索尼在云游戏订阅领域发力早、进展快，根据调研机构 SuperData 的报告，索尼云游戏订阅平台 PlayStation Now 在 2018 年第三季度产生了 1.43 亿美元的收入，远超其他云游戏订阅平台。

（2）提供云计算服务的企业，如谷歌、微软、亚马逊。

云游戏订阅的核心技术是云计算、分布式计算、大数据、人工智能等，这些正是具有云计算平台的企业所擅长的。2018 年，谷歌在 Chrome 浏览器上测试了云游戏订阅服务 Project Stream，其强大的技术使得游戏效果非常惊艳。据外媒测评，普通玩家可以直接通过浏览器流畅地运行《刺客信条：奥德赛》（见图 1-3-2），每秒游戏帧数可以达到 60，整体游戏体验和本地游戏非常接近。

图 1-3-2　谷歌云游戏《刺客信条：奥德赛》运行画面

（3）电信和宽带运营商，如中国移动和 Verizon。

电信和宽带运营商不甘心在 5G 时代只作为一个流量通道，而是希望可以利用自己的通道将流量沉淀下来，从而产生更大的收益。不过，云游戏订阅不仅要求平台具备强大的云计算技术，还要求平台具有游戏内容运营和用户运营能力，以确保能够吸引顶级游戏。

从这点来看，电信和宽带运营商的机会不是特别大。提供云计算服务的企业有一定机会，并且其具有独立第三方平台的优势，如果游戏内容运营得当，有望占据一席之地。游戏企业则面临一个很大的问题，就是如何平衡自己平台已有的游戏和其他平台的游戏，如微软的云游戏订阅平台要不要支持 PS、任天堂的游戏？还是只支持自己旗下 Xbox 平台的游戏？综合来看，微软既有 Azure 云计算平台，又有 Xbox 游戏平台，是目前最有潜力的。

此外，还有很多围绕云游戏订阅的创业企业，但综合性的云游戏订阅注定是一个巨头玩的寡头市场，创业企业几乎是没有机会的。不过，在细分的垂直云游戏订阅领域，很多创业企业是有机会的，如专注于独立游戏的 JUMP 云游戏订阅平台。

3. 云游戏订阅的影响

巨头入场将大大加速云游戏订阅的普及，游戏行业将迎来巨变。如同视频流媒体的兴起导致 DVD 逐渐消失，游戏主机在云游戏订阅崛起之后将逐渐成为极其小众的用户选择，逐步淡出大众视野。同样，主要销售游戏主机的实体零售店也会随之消失。知名游戏厂商育碧的总裁吉勒莫认为，索尼的 PS5 将是最后一代游戏主机，之后游戏主机将被游戏流媒体设备和订阅服务取代。云游戏带来的变化如图 1-3-3 所示。

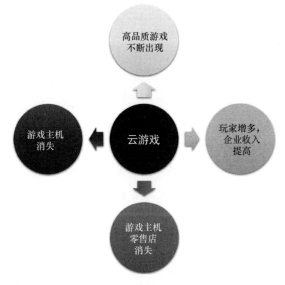

图 1-3-3　云游戏带来的变化

门槛的降低必然拓宽游戏玩家的范围，从而大大增加游戏玩家的数量。根据英伟达（Nvidia）的数据，目前所拥有的电脑不足以运行大型游戏的用户约有 10 亿人，大多数用户的电脑显卡太差。这 10 亿用户中的大部分都有机会转换成云游戏订阅用户。

云游低廉的订阅费用能够让大部分用户轻松承受，从而吸引一大批对成本敏感的游戏玩家。另外，云游戏订阅具有庞大的游戏内容库，会采用推荐引擎来精准匹配游戏和玩家，让玩家可以更轻松地找到自己喜欢的游戏。更多的游戏玩家、每个玩家更长的消费时间和更高的消费金额，都意味着游戏市场的扩大和游戏企业收入的提高。

然而，扩大的"蛋糕"并不是所有企业都可以分到的，能够打造高品质游戏的企业才能分到大块的"蛋糕"，通过"换皮"、抄袭等方式生产的粗劣游戏必将加速走向死亡。

云游戏订阅消除了用户终端的硬件限制，游戏开发商不必担心终端的适配问题，只需专心研发游戏，云游戏订阅平台可以将游戏内容一次性分发到多个平台中。目前，很多游戏工作室规模小，只能针对 Android、iOS、电脑、电视等某个系统或终端来开发游戏，抄袭者可以在没有上线游戏的平台上轻易模仿。未来，这种情况将不复存在。

另外，由于云游戏无须下载和安装，玩家可以在短时间内体验多款游戏，极大降低了用户试玩新游戏的成本。高品质的游戏更容易被玩家发现，玩家对游戏在玩法创新和游戏运营上的要求会显著提高。同时，付费订阅模式让用户对高品质游戏的需求和云游戏订阅平台的获利需求高度统一，云游戏订阅平台有更多动力筛选并引入高品质游戏，并通过推荐引擎精准匹配玩家和游戏，缩短和降低玩家发掘感兴趣游戏的时间和成本。

凡此种种，都会帮助高品质游戏更快地"跑"出来。

就像奈飞开创的视频流媒体改变了影视行业一样，谷歌、微软、索尼等开创的云游戏订阅也会深刻改变游戏行业。不久之后，人人都将可以在云游戏订阅平台上"点播"游戏大作，一个新时代即将开启。

站在 5G 的高速跑道上，云游戏订阅如同展翅的飞机，即将翱翔于万里云空之中。

1.4 新闻出版

会员付费在媒体资讯领域的应用是最早也最为常见的。在互联网发展的早期，欧美很多平面媒体转型网络媒体，在提供门户网站免费阅读服务的同时，推出会员订阅服务，如《纽约时报》《洛杉矶时报》《泰晤士报》《经济学人》等，从而确立了向广告主和读者双边收费的商业模式。近年来，一些新成立的网络媒体彻底放弃了免费阅读模式，建立了完全基于会员订阅的盈利模式，如于 2013 年年底创立的 *The Information*，其年费高达 399 美元，只有付费订阅用户才能阅读其提供的内容。

在我国，网络文学较早引入了会员付费模式。起点中文网在 2003 年首创"在线收费阅读"服务，不同级别的会员可享受不同的价格折扣。几年之后，漫画领域也引入了付费阅读模式。这些都对我国现阶段付费订阅的发展起到了良好的市场培育作用。

1．新闻报纸

新闻报纸的订阅延续至今，但其商业模式逐步转向广告模式。在互联网免费内容的冲击下，很多传统的纸质新闻报刊纷纷退出市场。

在欧美地区，报纸行业早在 2007—2011 年就呈现出崩溃式行业衰退，美国、英国、加拿大、日本等传统报纸行业大国几乎无一幸免。其间，美国有三百多家报社关闭，就连创办于 1823 年的 *The Argus Champion* 也难逃一劫。从扩张到收缩，美国报纸行业最近 30 年的历程不是金融危机、经济衰退时期的商业游戏，也不是几个企业的倒闭，而是整个行业的萎缩。在迅速消失的美国报纸"阵亡名单"中，不乏曾经辉煌一时的 *Rocky Mountain News* 等。美国报纸发行量历年变化如图 1-4-1 所示。

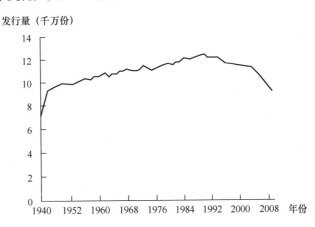

资料来源：NAA、国信证券经济研究所。

图 1-4-1　美国报纸发行量历年变化

2012 年，《德国金融时报》倒闭，《纽伦堡晚报》《法兰克福评论报》宣布破产。西班牙主流大报《国家报》于 2012 年 10 月裁员三分之一，爱尔兰的区域性报纸受到严重打击，匈牙利、波兰、意大利、西班牙、希腊的报纸也遭受重创。根据欧洲报纸行业出版人协会的统计数据，上述国家的报纸发行量在 2008—2010 年下降了 10%。一些报纸"新闻网络化"的努力未能遏制住财务情况的恶化。2013 年夏天，曾因报道水门事件而名噪一时的《华盛顿邮报》被亚马逊创始人 Jeff Bezos 收购。

我国也不例外。2005—2015 年是我国报纸行业受新技术冲击而"失去的十年"。由于互联网的普及，传统报纸行业的受众流失已成趋势，而近年来智能移动设备的快速渗透则进一步加剧了报纸受众的流失。十年间，受众的流失与销量的下滑直接影响了报纸行业的收入。2012 年，报纸行业的收入增长率已远低于 GDP 的增长率，并呈现出负增长态势。作为报纸行业的主要收入来源，报纸行业广告收入在 2012 年第一次出现了下滑拐点，从而带来我国报纸行业 30 年以来第一次广告收入与发行收入的双降。

百度 2012 年的净利润为 110.5 亿元，仅此一家公司的净利润就超过同期全国纸媒集团的净利润之和。纸媒集团与百度净利润对比如图 1-4-2 所示。

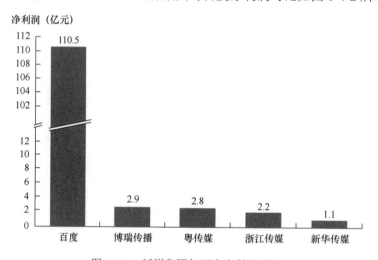

图 1-4-2　纸媒集团与百度净利润对比

这标志着传统的报纸主营市场正在急剧萎缩，报纸行业的"寒冬"来了。面对危机，很多新闻报纸开始进行数字化转型，以在订阅环境中寻找新的机会。国外的《纽约时报》和《金融时报》，以及国内的财新传媒，都是其中的典型代表。

《金融时报》总部位于伦敦，截至 2018 年，其在全球拥有约 600 位记者，平均每天有 210 万名读者。1995 年，《金融时报》试行资讯上网，2002 年，其率先尝试线上内容付费订阅服务，开启传统报纸线上内容收费的先例。付费订阅服务分为两种：一是每年收取 75 英镑的费用，内容包括所有 FT 新闻、信息检索功能、FT 调研、FT 观察栏目、个人办公组织系统；二是每年收取 200 英镑的费用，额外提供两种专业标准研究和监测工具，涵盖全球 55 个国家的超过 18000 家企业的深度信息和金融数据，以及 500 家世界顶级媒体的 1200 万篇文章。2018 年，《金融时报》中文版也推出了订阅服务，用户每年支付 198元即可享受精选深度分析文章、中英双语内容、金融英语速读训练等服务。

在 2002 年《金融时报》引入付费订阅机制时，媒体的高管一致认为，在互联网时代取得成功的唯一方法就是免费提供内容，《金融时报》的线上内容付费订阅无疑是一种异类行为。但尽管一路上危机与机遇并存，时至今日，《金融时报》的付费订阅改革已成为业内标杆。

2012 年，《金融时报》创下 60.2 万份订阅发行量的记录，比五年前提高了28%。数字订阅第一次超过了印制订阅（数字订阅发行量为 31.6 万份，印刷订阅发行量为 28.6 万份）。2018 年，《金融时报》CEO John Ridding 在接受美国媒体采访时表示，用户付费订阅收入已超过广告收入，成为公司收入的主要来源，用户付费订阅收入约占总收入的三分之二。在《金融时报》的 90 万付费订阅读者中，有三分之二是数字订阅用户。

在 2019 年 3 月的春季发布会上，苹果推出新闻订阅服务 Apple News+。Apple News+依托已有的 Apple News 免费平台，提供按月付费订阅服务，美国版的费用是 9.99 美元/月。Apple News+覆盖《国家地理》《人物》《流行科学》《亿万富豪》《纽约客》等 300 多种流行杂志，内含《洛杉矶时报》和《华尔街日报》的部分文章，以及一些新锐数字媒体的内容。苹果表示，如果分别进行单项订阅，一年的总费用至少要 8000 美元。

2. 图书出版

在图书出版方面，应该有很多人使用过 Kindle Unlimited 订阅服务。

2014 年，亚马逊在美国推出 Kindle Unlimited 订阅服务，用户可以通过包月或包年的方式付费订阅亚马逊的开放书籍（这项服务的中国版于 2016 年上线）。读者每月只需支付 9.99 美元便可以阅读 70 万册电子书和音频书。微博上有读者形容这项业务："文本形式的知识从此像水龙头和煤气一样，打开就有，自行点播，只有想不到，没有查不到。精神文明成为基本生活资源的感觉真好。"

凭借红钻、黄钻等成功经验，QQ 阅读也推出了包月书库。随后，网易出炉了网易蜗牛读书，其抓住的是"每天免费读书一小时"的切入口，变"购买内容"为"购买书籍的拥有时间"。

Kindle Unlimited 订阅服务、QQ 阅读的包月书库、网易蜗牛读书依然是卖书、卖服务，但区别于前述内容付费，这三者主打的是周期性订阅的模式。

虽然当前电子书的销售模式仍然以单本购买为主，但订阅模式将是未来的主要商业模式。目前各大阅读平台都已推出自有的会员阅读体系，以丰富的内容和特权吸引用户购买。与按章节、按本付费的模式相比，会员订阅模式的价格相对较低。随着数字阅读的受青睐度不断提升，与视频网站的情况类似，数字图书的会员订阅将逐渐成为数字图书的主要商业模式，为各大平台带来商业价值。从相关数据来看，目前国内主流阅读平台的订阅费用在 10 元/月或 120 元/年左右。主流阅读平台的订阅服务对比如表 1-4-1 所示。

表 1-4-1　主流阅读平台的订阅服务对比

平　台	价　格	会员权益	优缺点
亚马逊中国（Kindle Unlimited）	包月：12 元 包年：118 元	通过多种客户端阅读；无限畅读超过 8 万余本图书	优点：文学作品种类丰富，包含多种语言版本；全部图书免费阅读。 缺点：图书品类有限
京东阅读（畅读 VIP）	包月：10 元 包季度：30 元 包半年：50 元 包年：90 元	随时通过京东读书客户端在线阅读数字图书；支持 1000 本中文数字图书的畅读	优点：价格低于其他平台。 缺点：图书数量和种类有限，性价比较低
掌阅 iReader（VIP 会员）	包月：10 元 包半年：78 元 包年：118 元	免费阅读 VIP 书库中 10 万余本图书；付费书籍 8 折购买；免费阅读全部杂志；VIP 签到赠送代金券	优点：免费书籍种类多，代金券可"解锁"更多付费书籍；全网最大的"一站式"数字阅读平台
QQ 阅读（VIP 会员）	包月：12 元 包季度：40 元 包半年：78 元 包年：128 元	10 万余本书籍免费阅读；在线听书 8 折购买	优点：网络文学图书种类最丰富。 缺点：价格高于其他平台

资料来源：亚马逊中国、当当网、京东图书、掌阅 iReader、QQ 阅读等官方网站，由中信证券研究部整理。

不仅新锐的数字图书阅读机构采用了订阅模式，很多老牌的出版社也推出了订阅服务。

教育出版商圣智（Cengage）在 2018 年 8 月推出订阅服务 Cengage Unlimited，学生每学期支付 119.99 美元的固定费用即可使用圣智所有的数字产品，这是美国高等教育出版商推出的首个订阅服务。2019 年 2 月，Cengage Unlimited 已经有超过 100 万的订阅量。订阅服务将帮助出版发行商恢复因盗版而失去的市场份额和二级市场，同时为之前学生从未购买的"推荐读物"创造增量版税。

1.5　购物

王永庆创立了台塑集团，他和李嘉诚一样，是全球著名的华人巨商。作为头脑精明的商人，王永庆很早就开始了大米订阅生意。

1932 年，16 岁的王永庆在台湾嘉义开了一家米店，从此踏上了艰难的创业之旅。那时候，顾客都是上门买米，自己运送回家。这对年轻人来说不算什么，但对一些上了年纪的人来说，就非常不方便了。而多数年轻人又无暇顾及家务，买米的顾客以老年人居多。

王永庆注意到这一细节，于是开始送米上门。如果给新顾客送米，王永庆就会记下这户人家米缸的容量，并且问明家里有多少人吃饭，几个大人、几个小孩，以及每人饭量如何等，据此估计该户人家下次买米的时间，并记在本子上。到时不等顾客上门，他就主动将相应数量的米送到顾客家里。这其实就是大米订阅的购物模式。王永庆通过这一精细服务赢得了很多顾客，其生意也从小小的米店开始，越做越大，直到其成为台湾首富。

随着电商的不断发展，很多新模式逐渐出现，订阅电商平台快速崛起。各领域的订阅企业如表 1-5-1 所示。

表 1-5-1　各领域的订阅企业

领　　域	订阅企业
男装	Trendy Butler
	Bespoke Post
	Bombfell
	Manpacks
	Five Four Club
	Hall & Madden
	Curator and Mule
	Trunk Club
	Alpha Outpost

（续表）

领　域	订阅企业
女装	JustFab
	Stitch Fix
	Le Tote
	AdoreMe
	Gwynnie Bee
	MeUndies
	FabFitFun
	Wantable
	Sweatstyle
母婴用品	Vinebox
	Bitsbox
	Rockets of Awesome
	BimBasket
	Please and Carrots
	The Honest Company
日用品	Dollar Shave Club
	Ipsy
	Glossybox
	BirchBox
	Julep Beauty
	Bellabox
	Scentbird
宠物用品	BarkBox
	The Farmer's Dog
	Woufbox
	Pupbox
酒类	Brew Publik
	Splash Wines
	Bright Cellars
咖啡、茶	Sudden Coffee
	Bean Box
	Craft Coffee
	Perfect Coffee

（续表）

领　域	订阅企业
生鲜	Imperfect Produce
	蓝围裙（Blue Apron）
	Purple Carrot
	Home Chef
	哈罗生鲜（Hello Fresh）
	良食网
玩具、衍生品	Loot Crate
	巧虎
	Lootaku
	Hasbro Gaming Crate

根据订阅导航网站 My Subscription Addiction 上的数据，目前全球有 3000 多个购物订阅网站。根据 Hitwise 发布的《2018 美国订阅盒子市场调查报告》，2018 年美国购物订阅网站的访问量比 2017 年增加了 24%。其中，受欢迎程度排名前九的购物订阅网站是 Ipsy、蓝围裙、哈罗生鲜、Stitch Fix、Dollar Shave Club、Home Chef、FabFitFun、BirchBox、Loot Crate，涵盖了化妆品、食材、服装、剃须刀、动漫等多个类别。

最受欢迎的订阅网站 Ipsy 由 YouTube 美妆视频"网红"——美籍越南裔 Michelle Phan 创立，每月为用户量身定制美妆礼盒 Glam Bag，售价为 10 美元，其中包含 5 款不同品牌的美妆产品的试用装，产品涉及众多知名品牌或小众美妆创业品牌，通过这种方式获得消费者的试用反馈。美国其他美妆礼盒订阅服务平台还有 BirchBox、Sephora、BoxyCharm、Beauty Army、Glossybox、Sample Society、TestTube、Sindulge、MyGlam 和 Goodebox 等。

The Honest Company 是主营母婴用品的电商，成立于 2012 年，专门为新生儿家庭提供无毒、天然的母婴用品。The Honest Company 30%的销售量来自实体店，其余来自网上销售，其中，网上销售的 60%来自多种产品包的用户按月订购。用户在免费领取试用装后，就会自动加入订阅服务，定期收到纸尿裤等产品。2018 年，The Honest Company 获得 2 亿美元的战略投资。

Stitch Fix 是一家于 2011 年成立的公司，主要提供女装订阅服务。其业务流程如下：顾客填写穿衣风格偏好问卷，并选择订购周期（从两周一次到每季度一次不等）；造型师挑款，收取造型费 20 美元；顾客按时收到盒子，里面包含 5 件衣服和搭配方法；顾客在试穿后决定购买或退回。2017 年年底，Stitch Fix 成功在纳斯达克 IPO，市值逾 26 亿美元。Stitch Fix 在 2018 财年的收入为 12 亿美元，净利润达 4500 万美元，2019 财年第一季度的收入达 3.66 亿美元。美国著名商业杂志 *Fast Company* 公布了"2019 年 50 大最具创新精神公司"榜单，Stitch Fix 位列第五。

2014 年，男装订阅电商 Trunk Club 以 3.5 亿美元被美国零售巨头 Nordstrom 收购，这让订阅电商成为市场关注的新概念，产生了"垂衣""Abox 壹盒"等订阅电商。2018 年，垂衣快速完成了 A1、A2、A3 轮融资，分别由 SIG、云九资本和蚂蚁金服领投，A 轮整体融资额近 3000 万美元，成为国内订阅电商领域融资额最高的创业项目。

Purple Carrot 成立于 2014 年，在 2018 年获得了 400 万美元的战略资金，累计获得 1000 万美元的融资。该公司为用户提供完全基于植物的纯素餐盒和极易烹饪的食谱，并在指定时间配送到用户家中，由用户自己烹饪。其有两种订阅套餐可供用户选择：一种是基础套餐，每周有三种不同的餐盒，价格是 72 美元/周；另一种是 TB12，每周提供三种高蛋白无麸餐盒，价格是 78 美元/周，两种套餐都是 1~2 人的食用量。

Dollar Shave Club 成立于 2011 年 7 月，是非常知名的日用品订阅电商。其最初按月订购的模式非常简单：顾客每月只需支付一定费用（至少为 1 美元，另付 2 美元的快递费和手续费），就有剃须刀直接送到家门口；此外还有其他两种订阅包，用户每月支付 6 美元或 9 美元，不需要额外支付运费、手续费等。近几年，Dollar Shave Club 一直在扩大产品线，到目前为止，除了剃须刀，其还有一系列相关产品（如发胶、卫生湿巾、剃须用泡沫等）的按月订阅服务，并不断推出新的订阅套餐。2017 年，联合利华以 10 亿美元收购了 Dollar Shave Club。

在 Ipsy、Dollar Shave Club、Stitch Fix 等成功案例的带动下，很多传统零售商也开始试水订阅模式。

2015 年，化妆品零售商 Sephora 宣布推出每月订购项目"Play!"，首先在美国部分地区试点。订阅礼盒 Play!在美国波士顿和俄亥俄州率先推出，首次发售 10000 份，费用为 10 美元/月，提供 5 种品牌的美容试用品：Sephora Collection Rouge Infusion 唇膏、Marc Jacobs Beauty 高光眼线笔、Ole Henriksen Sheer Transformation 面霜、Bumble and Bumble 发油、Glam Glow Super Cleanse 洁面乳。除了提供试用品，Play!还提供使用贴士、趣味知识、美妆教程等。除此之外，其每月推出的礼盒还附送各种小样。

根据麦肯锡 2018 年的一份报告，订阅电商在 2011—2016 年经历了爆炸式增长，年平均增长率约为 100%，所推出的订阅盒子可分为三类。

（1）个性化订阅盒子：根据消费者个人喜好提供个性化商品，如 BirchBox。

（2）补货订阅盒子：提供稳定的消费品（如剃须刀）供应，如 Dollar Shave Club。

（3）精选订阅盒子：提供消费者可能会购买的物品（如食物）的独家产品或折扣，如 NatureBox。

根据麦肯锡的报告，个性化订阅盒子是最受欢迎的。

1.6　汽车与出行

网约车巨头优步（Uber）和来福车（Lyft）一直实行动态价格机制，根据不同的出行时间、路线及市场需求和交通状况，乘客每次为出行支付的费用并不相同。不过，两家公司都开始向订阅模式转变。

优步在 2018 年推出按月付费订阅服务 Ride Pass。Ride Pass 已经在洛杉矶、奥斯汀、奥兰多、丹佛和迈阿密这 5 个城市推出，订阅价格为 14.99 美元/月（洛杉矶地区为 24.99 美元/月）。优步表示，在订阅该服务后，优步 X 和优步 Pool 的服务费将保持较低价位，乘客每月的出行费用最高可节省 15%。Ride Pass 的票价不受天气、交通状况等因素的影响，同时乘客每月可乘坐的次数没有限制。

来福车推出订阅服务 All Access Plan，订阅价格为 299 美元/月，包含 30 次出行。如果搭乘次数超过 30 次，用户须支付车费，但可以享受 95 折优惠。

在网约车的冲击下，各大传统汽车厂商也纷纷探索汽车订阅模式。

2017 年，通用汽车公司旗下品牌凯迪拉克宣布将发布一项豪华车订阅服务 BOOK，消费者只需完成支付便可以驾驶凯迪拉克轿车和 SUV，没有行驶里程的限制。订阅服务按月计费，费用包含车辆维护费、保险费及其他相关费用。同时，用户在申请会员时必须接受相关背景和驾驶记录核查，并且须支付 500 美元的注册费。该订阅服务使会员可以充分享受自由，还可以通过手机应用预定即将上市的豪华车。几乎所有的凯迪拉克车型都可以预定，包括 XT5 跨界车、CT6 轿车、Escalade 和 V 系列性能跑车，每月的费用约为 1500 美元。

2018 年，奔驰在美国推出一项名为 Mercedes-Benz Collection 的汽车订阅服务，分为三个级别：第一级别的订阅费用为每月 1095 美元，可使用 C300、CLA45、GLC300 系列车辆；第二级别的订阅费用为每月 1595 美元，可使用 E300 轿车、E400 旅行车和跑车；第三级别的订阅费用为每月 2995 美元，可使用 GLE63S SUV、GLS550 等高端车。除了可以随意选择车型，订阅服务还包含了保险、维修、路边辅助等相关服务，无里程限制。

此外，沃尔沃、保时捷、宝马、丰田也都推出了各自的汽车订阅服务。IHS Markit 预测，到 2023 年，汽车订阅服务的市场规模可达 60 亿美元，毛利率为 20%～30%。

初创企业 Surf Air 是一家会员制航空服务公司，提供美国加利福尼亚与热点城市之间的短途旅行服务，为寻求快捷商务和休闲之旅的顾客提供奢华的私人 Pilatus PC-12NG 飞机航空服务。

Surf Air 的会员分为三个级别：月费为 790 美元的会员，在同一时间可以预订 2 趟班机；月费为 990 美元的会员，可以同时预订 4 趟班机；月费为 1490 美元的会员，则可以同时预订 6 趟班机。创始会员享有无限次免费的宾客证，可以邀请亲友一起飞行。飞机是八人座的小型飞机，全皮座椅加上宽敞的休闲及工作空间，让乘客有置身于头等舱的感觉。另外，航班不设乘务员，只在登机口处提供礼宾服务，以满足乘客起飞前和降落后的需求。

事实上，Surf Air 并不是首个推出"无限次飞行"的航空公司。捷蓝（JetBlue）

和 Sun Country 曾推出 699 美元/月和 499 美元/月的"一个月无限次飞行计划",航点包括美国多个城市及墨西哥和加勒比海等。

1.7　生活服务

美国外卖送餐公司 DoorDash 成立于 2013 年。2018 年,DoorDash 推出订阅服务 DashPass,消费者每月只需支付 9.99 美元,就能享受无限次免费送餐服务,有数百家餐厅可供用户选择,包括 Wendy's、The Cheesecake Factory、California Pizza Kitchen、White Castle 等。只要餐厅在 DashPass 的列表中,并且订单金额不低于 15 美元,订阅用户就可享受免费配送服务。用户可随时取消订阅。

Kettlebell Kitchen 成立于 2013 年,致力于为消费者定制膳食计划,帮助其实现保健、减肥、健身等目标。Kettlebell Kitchen 与大量健身房建立了合作,使消费者可以非常便利地取货,网点也提供送货上门服务。餐品是 Kettlebell Kitchen 的核心,其每周都会更新菜谱,除了普通的健康饮食搭配,Kettlebell Kitchen 还会提供生酮、纯素食、低碳水、高碳水等多种饮食方案,满足不同消费者的需求。2018 年,Kettlebell Kitchen 宣布获得了 2670 万美元的 B 轮融资。

提供健康餐订阅服务的创业企业还有咚吃、Yota 等。

在社交方面,Hinge 是国外一款类似于陌陌的陌生人社交应用。Hinge 先通过脸书(Facebook)为用户创建一份简介,并且获取用户的相关信息和偏好,如年龄、约会地点等,然后提供潜在配对对象供用户选择。用户可以选择接受或不接受,只有在双方都选择接受的情况下,才会揭示配对结果。

基础版的 Hinge 服务是免费的,用户可以根据性别、年龄、身高等选择好友。但用户若想享受更多的约会服务,就需要订阅高级会员服务。高级会员享有不限次数的"点赞""看谁为你点赞"等特权,费用为 12.99 美元/月、20.99 美元/3 个月、29.99 美元/6 个月。

根据 Sensor Tower 的第三方数据，截至 2019 年 2 月，Hinge 在全球范围内的下载量为 550 万次，在 2018 年创造了 520 万美元的收入。

1.8 软件与互联网

微软在 2011 年推出了 Office 365，这标志着其商业模式的重大转型。Office 365 包括最新版的 Office 套件，支持在多个设备上安装 Office 应用，采取订阅方式，用户可灵活选择按年或按月付费。2020 年，用户只需支付 99 美元/年或 10 美元/月的费用，就可以享受多项微软办公软件服务。

微软前高级主管 Tren Griffin 透露，在将 Office 买断制改为 Office 365 订阅制后，用户数量大幅增加，2019 年的用户数量多达 2.14 亿人。

订阅制已成为软件行业的标准模式。除了微软，Autodesk、Oracle、Adobe 等全球知名软件公司也已经发布了订阅服务，从传统的授权模式向订阅模式转型。

Adobe 的主要产品为图形设计、影像编辑与网络开发软件，其在内容制作领域具有绝对优势，拥有 Photoshop、Acrobat、CS 套件等代表性产品，是行业的绝对龙头。

Adobe 在转型之前，由于市场相对饱和，新增需求不足，公司的收入及利润波动较大。2012 年，Adobe 开始尝试订阅制转型，推出了 Creative Cloud（CC）订阅服务。2013 年年初，公司全力推动云订阅转型，宣布之后 CC 将成为主力，不再更新 CS 套件。之后，Adobe 的订阅收入占比迅速提升，2014 年达到 50%，2017 年攀升至 84%。订阅模式使 Adobe 的净利率和净资产收益率迅速提升。

2013—2016 年，公司的营业收入从 40.5 亿美元增长至 58.5 亿美元，年均复合增长率为 13.0%；净利润从 2.9 亿美元增长至 11.7 亿美元，年均复合增长率为 59.1%。

Adobe 在转向云端订阅服务后，将原有存量用户转化为订阅用户，将订阅费用作为主营业收入，盈利模式发生转变，收入、现金流、利润率、净资产收益率等各项指标均长期稳定提升，并带动股价长期向上。

人们在社交中往往需要彰显身份，会员付费订阅具有天然土壤。社交网站往往把会员划分为普通会员和高级会员，高级会员可享受一定的特权和增值服务。在全球职业社交三巨头中，德国 Xing 和法国 Viadeo 以会员付费为核心盈利模式，分别有 50%和 40%的收入来自会员订阅服务；美国 LinkedIn 于 2003 年上线，在 2007 年推出高级会员订阅服务，会员付费曾一度成为公司最大的收入源，目前仍有 17%的收入来自会员订阅服务。

在我国，QQ 超级会员就是一种典型的付费订阅服务。另外，订阅模式在婚恋社交领域的应用也极为广泛，世纪佳缘有超过一半的收入来自会员订阅服务。

1.9　银行金融

目前国外有不少银行正在尝试订阅服务。比较典型的两家银行是第一金融银行和河谷国民银行。

第一金融银行位于美国得克萨斯州，曾因创新的订阅模式获得银行业的金融科技奖项。该银行的客户每月只需支付 6 美元，就可以享受免费借记卡/网上银行/移动银行、免费电子账单、纸质账单、手机保护、1 万美元的旅游意外保险、道路援助、防盗保障、杂货店优惠券、购物/餐饮/旅游折扣、医疗健康折扣等一系列服务。另外，用户每刷一次卡，月费就降低 0.1%。也就是说，如果刷卡消费的次数足够多，订阅费用可能接近零。

第一金融银行五类不同账户的订阅服务如表 1-9-1 所示。

表 1-9-1　第一金融银行五类不同账户的订阅服务

账户类型	高级账户	中级账户	储蓄账户	遗产账户	免费账户
免费借记卡/网上银行/移动银行	√	√	√	√	√
免费电子账单	√	√	√	√	√
纸质账单	2 美元	2 美元	2 美元	2 美元	2 美元
手机保护	×	√	×	×	×

（续表）

账户类型	高级账户	中级账户	储蓄账户	遗产账户	免费账户
1万美元的旅游意外保险	×	√	×	×	×
道路援助	×	√	×	×	×
防盗保障	×	√	×	×	×
杂货店优惠券	×	√	×	×	×
购物/餐饮/旅游折扣	×	√	×	×	×
医疗健康折扣	×	√	×	×	×
免费汇票/本票/公证	√	×	×	×	×
利息	√	×	√	√	×
国外 ATM 每月返还	最高 15 美元	—	最高 6 美元	最高 10 美元	—
免费品牌支票	√	×	√	√	×
月费	12 美元	6 美元	6 美元	0 美元	0 美元

在这项订阅计划发布后，第一金融银行 35%的用户就订阅了，由此可见订阅服务的受欢迎程度。

美国俄克拉荷马州的河谷国民银行与金融科技公司 Meed 合作，在 2018 年 12 月推出了一个订阅套餐，具体项目如下。

（1）即时转账。用户可以在任何时间、任何地点，非常方便地收款或付款。

（2）储蓄目标。不管用户是在为旅游做准备还是在为买房做准备，都可以设置储蓄目标，然后跟踪进度。

（3）抵押贷款。当用户急用现金时，可以将储蓄账户作为抵押以进行贷款，不会影响账户余额。

（4）团体寿险。用户不需要支付额外费用，就可以享受团体寿险。

（5）服务选项。用户可享受支票、储蓄、国内转账、国际转账等服务。

用户每月只需支付 9.95 美元的订阅费用，即可享受上述所有服务。河谷国民银行希望用这项订阅服务为用户带来革命性的消费体验，创造差异化以打造竞争优势。

第一金融银行与河谷国民银行显然不是盲目跟风，而是看到了订阅模式对于传统银行业务的巨大意义。

对银行来说，订阅这种新的商业模式至少能给用户带来以下好处。

（1）低成本。

如果单独购买第一金融银行的所有服务，至少需要几十美元，但在订阅模式下，用户只需支付 6 美元就可以享受所有服务。因此，相对于单独购买，订阅对用户来说更加划算。

（2）个性化体验。

视频订阅网站具有强大的推荐引擎，可以精准匹配海量的视频内容和用户的兴趣需求，在同一网站中，每个用户看到的内容是不一样的，真正实现了"千人千面"。

银行也可以运用这种模式，精准匹配一系列金融服务项目和用户需求，让用户根据自身需要进行订阅。这样一来，用户的需求得到了更好的满足，用户黏性和忠诚度随之增加，银行的收入和用户数量也会显著增加。

（3）方便灵活。

按月支付订阅费用，在不需要时可以随时取消，这给用户带来很高的自由度。用户完全可以按需订阅金融服务，能够减少浪费且非常灵活。

银行在尝试订阅模式的过程中，为用户提供真正的价值是关键所在。

有些银行喜欢营销炒作，仅简单地在当前金融服务中添加服务费，然后改成按月付费，就宣称用订阅模式改革业务，这注定是失败的。银行必须从用户的需求出发，给用户提供具有吸引力的服务项目，如快捷借款、预算控制等，然后针对不同的人群提供不同的订阅服务包。只要增值服务有价值，很多用户是愿意付费的。

根据 CitizenMe 在英国的调查数据，71.7%的银行用户没有向银行付费的行为，但 44.6%的用户愿意付费以享受银行提供的额外的增值服务，如用户愿意为透支服务、现金返还等付费。

另外，银行还可以鼓励订阅用户分享订阅服务。如果订阅用户将自己的账户分享给亲朋好友使用或推荐亲朋好友开通订阅服务，银行就可以给予其一定奖励，如给予订阅折扣，这样可以吸引更多的用户。

由于较高的转换成本，用户一般不愿频繁更换银行账户，因此，虽然银行很多，但实际的竞争并不是很激烈。这导致很多银行没有动力为客户提供真正有价值的服务。订阅模式可以倒逼银行去思考如何重建客户关系、如何为用户提供不会被退订的金融服务等。可以预见，将有越来越多的银行尝试订阅这种新的商业模式。

1.10　教育培训

订阅模式目前已经应用到编程教学、音乐培训等教育领域中。

TreeHouse 是一个在线编程教学平台，创立于 2010 年。在其网站上，用户可以找到包括 Objective-C、HTML 5、JavaScript、Ruby 等在内的教学视频，同时，TreeHouse 还提供了 Local WordPress Development、Git Basics 等具有针对性的培训视频。目前，TreeHouse 已经发布了超过 1000 个在线培训视频，并且所有视频都是由他们的全职教师录制的。

TreeHouse 并不是免费的，在 14 天的免费试用期过后，用户就需要向 TreeHouse 付费了。TreeHouse 提供 25 美元/月的基础版服务和 49 美元/月的高级版服务。

2012 年，TreeHouse 获得了 475 万美元的投资，实现了 360 万美元的营业收入，活跃用户有 18700 人。

2014 年，TreeHouse 完成了 B 轮融资，融资总额达到 1300 万美元，拥有超过 7 万名付费用户，其中一半用户来自美国以外的地区。

2018 年，TreeHouse 在全球 190 个国家和地区拥有 28.6 万名订阅用户，年收入超过 1500 万美元。

TreeHouse 的案例表明，在线教育完全可以依靠订阅模式来赢利。而在此过程中，拥有核心用户是关键，如果提供的服务能够真正为用户解决问题，给用户带来价值，那么用户是非常愿意付费的。

2016 年 5 月 5 日，为教师在线授课提供服务的 Teachable 宣布完成 250 万美元的天使轮融资，该轮融资由 Accomplice Ventures 领投，Naval Ravikant 和 Learn Capital 跟投。

Teachable 于 2014 年在纽约成立，是一个供教师创建、管理和销售在线课程的平台，让每个教师都能快速创建一个在线网校。Teachable 帮助教师组织课程内容、解决支付问题、获得与课程相关的数据分析，品牌和定价权完全属于教师。教师在 Teachtable 上注册后，可以创建属于自己的个性化网站，上传并编辑在线课程。同时，平台提供一整套教学用的学习工具，包括在线测验、线上论坛、学生反馈等，在授课完成后，Teachable 还为教师提供数据分析功能来管理学生列表和授课情况。

Teachable 的营业收入主要来自教师的订阅付费，教师可以选择每月 0～299 美元的套餐。另外，Teachable 也开发了基础版本，向教师收取 1 美元及其在平台上课程销售额的 10%。如果课程本身是免费的，则平台不会向教师收取费用。

Teachable 表示，平均每门课程的教师收益超过 5000 美元，也有部分特别出色的教师，如某个教 iOS 开发的老师，通过视频课程拿到了 100 万美元的课酬。

与 MasterClass、Lynda 等在线授课网站不同，Teachable 专注于为授课方提供服务，教师独立管理自己的学生和课程，平台本身不直接向学生开放课程资源库。

1.11 医疗健康

在美国，患者如果想去医院看病，通常需要提前几周甚至几个月预约医生，依照医生的日常安排确定诊疗时间。到了约定日期，患者还要在前台经历长时间的排队等候，填写烦琐的个人资料，但最终与医生交流的时间可能不超过 5 分钟。

预约时间长、候诊时间长、环境嘈杂、费用高昂，这是美国医疗行业的痛点。而美国保健公司 One Medical 正在尝试利用订阅模式解决这一痛点问题。

通过 One Medical，用户可以随时随地预约医生，甚至可以预约当天的医生。到诊所就诊时，患者的候诊时间不会超过 5 分钟，但与医生的交流时间可以长达一整天。如果只是皮肤过敏等小问题，患者还可以通过 One Medical 官网或移动应用程序获得全天候（24h×7）的虚拟护理。而要享受这些服务，用户每年只需支付不到 200 美元（149～199 美元）的订阅费用。

One Medical 通过高效的就医流程与优质的医疗服务吸引用户，承诺以合理的价格提供高质量的初级保健服务。2019 年，成立于 2007 年的 One Medical 已在美国 8 个城市（波士顿、芝加哥、洛杉矶、纽约、凤凰、西雅图、旧金山湾区、华盛顿特区）设立了超过 60 家门店诊所。One Medical 通过广撒点、高覆盖的方式，将诊所开设在购物中心、写字楼、居民社区等人流量大的地方，尽可能地贴近会员，节省会员的出行成本。

与美国其他医疗机构不同，One Medical 诊所的医生每天接待约 16 名患者，低于行业标准的 25 人，因此会员在 One Medical 诊所接受诊疗的时间远远多于其他诊所，会员甚至可以与自己的预约医生交流一整天。同时，One Medical 利用强大的 IT 系统代替人工作业，诊所的医生数量从行业标准的 4.5 人降到 1.5 人，在降低管理成本的同时，提高了诊所的运作效率。2016 年 1 月，一位名为 Melia Robinson 的会员以 *After trying One Medical，I could never use a regular doctor again* 为题，撰写了一篇赞美 One Medical 的博客，并表示，自己从进入诊所到接受诊疗、完成付款，只花了 25 分钟左右的时间。高效的就医体验让他不再想接受普通医疗机构的医疗服务。

除了医疗服务，药品、保健品等也可以应用订阅模式。

Multiply Labs 运用 3D 打印技术为客户定制私人营养剂药丸。这意味着，用户可以根据自己的需求定制药丸，还可以控制药物生效的时间，如在特定时间释放咖啡因，让人充满活力。

通过订阅服务，用户可以将自己需要的所有营养剂打包成一片定制的 3D 打印药丸，而且在服下药丸后，药丸可以根据用户的需求定时释放不同的营养剂。一包药丸（含 15 个药丸，供 15 天使用）的费用为 19 美元。

Multiply Labs 的订阅药丸如图 1-11-1 所示。Multiply Labs 通过映射算法，可以为消费者推荐个性化的药丸，其中的营养剂种类和数量完全匹配客户的实际需要，用户不需要的营养成分一概没有。

资料来源：Multiply Labs 官网。

图 1-11-1 Multiply Labs 的订阅药丸

显而易见，这是一项重要的突破，会对社会产生巨大的影响。每个人都知道健康饮食的重要性，但是很少有人能真正做到。为了节省时间，我们吃了太多的加工食品和冷冻食品，虽然知道营养剂对身体有好处，但无法保证每天按时服用不同的药丸，定制药丸则能很好地解决这一问题。

另外，健身领域也非常适合采取订阅模式。

2018 年 12 月，Zwift 完成 1.2 亿美元的新一轮融资。Zwift 是一家提供健身服务的公司。骑行爱好者只需将自己的自行车架上骑行台，然后将心率带、速度和踏频感应器及功率计等传感器与装有 Zwift 应用的设备连接，再在车前面摆个屏幕，就可以进入 Zwift 提供的骑行游戏世界，它可以根据用户的骑行路线获取锻炼数据并适时调整坡度、阻力等。

Zwift 的用户包括业余自行车爱好者、自行车健身爱好者及职业运动员。围绕 Zwift 社区，已有超过 200 个脸书群组建立。人们利用这些群组组织骑行活动，有时甚至会在训练后聚集在咖啡馆中，就像之前实际的户外骑行一样。公司的盈利主要来源于课程内容的付费订阅。用户最初可以免费试用，在试用期结束后，订阅费用为 15 美元/月。

第 2 章

这些巨头都在尝试订阅模式

订阅经济的蓬勃发展吸引了社会各界的目光，很多企业巨头纷纷大举进军。

2.1 日化

2.1.1 宝洁

2016 年，宝洁集团在美国上线了一项直面消费者的订阅服务 Tide Wash Club（汰渍洗涤俱乐部）。据外媒报道，Tide Wash Club 已经注册商标，以定期向用户邮寄汰渍最新产品的方式实现产品销售。

Tide Wash Club 到底是什么？其实，它就是一种定时、定期、定量送货上门的订阅服务。订阅已经成为一种新的销售渠道，而且正在侵蚀传统的日化零售渠道。

事实上，宝洁开通 Tide Wash Club 是无奈之举，外媒对此的评价是，为了刺激销售，宝洁已经开始和其他线上订阅服务展开竞争，消费者的购买去向已经随着互联网化而发生改变，这破坏了宝洁的传统零售业态，倒逼宝洁重新思考自身的销售模式。

宝洁的订阅尝试并不局限于汰渍这一个品牌，在宝洁旗下最大的三个品牌中，已有 2 个品牌开展了订阅服务。除汰渍外，吉列针对男士剃须提供线上订阅服务——吉列剃须俱乐部。客户可以选择三种不同的剃须刀片包，从 11 美元的入门级 Sensor 3 一次性剃须刀片到 22 美元的高端 Fusion Proshield 刀片。客户可以选择更换刀片的频率，还能在任意时间更改或取消自己的订阅方案。

作为宝洁第二大品牌，吉列是全球最大的剃须刀品牌，但其在美国市场的占有率已经从 2010 年的 70%下降到了 2018 年的 54%。根据 Euromonitor 的数据，吉列 2010 年、2015 年和 2018 年的市场份额分别是 70%、59%、54%。导致吉列市场份额下滑的一部分原因正是 Dollar Shave Club 订阅服务的兴起。

Dollar Shave Club 用每月 1 美元的价格在全球范围内吸引了 320 万活跃用户，通过强有力的 B2C 模式，打破了吉列在剃须刀市场中的垄断地位。2016 年，宝洁的"老对手"联合利华花费 10 亿美元收购了 Dollar Shave Club。

由此可见，线上订阅服务的兴起对快消品传统零售渠道的冲击是非常大的。而依赖传统零售渠道的品牌也受到了很大的冲击，就连宝洁这样的"大佬"也有些"架不住"的意思。

宝洁的订阅服务虽然起步晚了点，但还是有自己本身的优势的。

（1）宝洁的固有影响力是其他品牌无法企及的；

（2）宝洁旗下诸多品牌还占有绝对的市场领导地位，有利于吸引消费者；

（3）通过提供订阅服务，宝洁能够和消费者产生更多、更直接的联系，从而获得更多的提升空间。

2.1.2　联合利华

与宝洁自建订阅业务不同，联合利华主要依靠"买买买"。

前面提到，2016 年，联合利华以 10 亿美元收购了 Dollar Shave Club。在收购之后，联合利华扩大了 Dollar Shave Club 的服务范围，于 2017 年新增牙膏订阅服务，于 2018 年新增古龙水和剃须油订阅服务。

2019 年 2 月，联合利华宣布从投资公司凯雷集团手中收购英国零食订购品牌 Graze。了解此次交易的人士对《金融时报》透露，该次收购价格在 1.5

亿英镑左右。Graze 创立于 2008 年，前期以网站为销售渠道，通过订阅寄送的模式为消费者提供包含健康、无人工添加剂的坚果和果干等的可定制混合零食盒。2012 年，Graze 被凯雷集团收购。

Graze 的订阅服务分为 3 类，具体如下。

（1）3.99 英镑/周。每周给用户送一次零食盒（用户可以自己决定在哪一天送），包含四包小零食，每周搭配都不相同。用户可以提供自己的喜好信息，Graze 会根据用户喜好选择零食种类，大种类有无糖、低脂、素食、高蛋白等。

（2）5.99 英镑/6 盒。用户可随时购买，包含六盒同一口味的零食。

（3）2.99 英镑/袋。用户根据需要按袋购买。

Graze 的订阅模式赢得了众多消费者的认可，对其他品牌来说，这是很好的借鉴。

2019 年 1 月 21 日，联合利华推出护肤品牌 Skinsei。

Skinsei 是一个直接面向消费者、以健康为灵感的个性化定制护肤品牌，由联合利华副总裁 Valentina Ciobanu 领导的五人团队开发。用户需要先填一份问卷，主要是有关用户生活习惯的问题，包括饮食习惯、接触污染和日照的时间、睡眠时间、锻炼频率和压力水平等。在用户填完问卷后，网站会根据回卷为客户定制一份个性化护肤解决方案，该解决方案由 Skinsei 几十种不同产品组合而成，可能的组合多达 100 万种。消费者可以通过按月订阅或一次性购买的方式成套购买 Skinsei 产品：三件产品的按月订阅价格为 45 美元/月，一次性购买价格为 49 美元；五件产品的按月订阅价格为 69 美元/月，一次性购买价格为 79 美元。

另外，联合利华还通过 SunBasket 品牌推出下厨懒人包商品，进军食品零售市场。

2.1.3　高露洁

2018 年 7 月，高露洁投资了隐形眼镜订阅公司 Hubble。Hubble 成立于 2016 年，其在官网上销售按月或按年订阅的日抛型隐形眼镜，不向用户收取运费。由于面临销售压力，高露洁打算通过 Hubble 的线上订阅渠道销售牙膏和牙刷。根据双方协议，Hubble 为部分高露洁产品开发一条新的线上订阅渠道，以牙齿护理产品为主。

高露洁拥有 Tom's 等牙膏品牌，其品牌组合的多元化在一定程度上有很好的自我保护作用，但订阅电商来势凶猛，仍让高露洁"措手不及"。

在高露洁的起家业务——口腔护理领域，已经有企业取得了订阅模式的成功。纽约智能电动牙刷创业公司 Quip 通过订阅服务让客户定期更换刷头和牙膏，牙刷价格是 25 美元起，牙膏和刷头的价格均为 5 美元；于 2015 年成立的 Goby，提供 50 美元的电动牙刷和 6 美元的刷头；Public Goods 销售 9.99 美元的可更换刷头的非电动牙刷。这些新兴品牌通过提供线上订阅服务推动销售，其产品（如电动牙刷）有一个固定的起步价格，会员后续可以线上订阅相关的产品和服务，"套餐"包含需要定期更换的刷头和牙膏，另外，平台会提供及时的送货上门服务。

类似的订阅公司都提供比老牌零售商更便宜的产品，避开传统的在广告上"大撒钱"的方式，将预算用于社群媒体营销，给传统零售带来了一定的威胁。

2.2　零售

2.2.1　沃尔玛

沃尔玛不仅在传统线下零售领域推出了订阅服务，而且在拓展的线上服务中也大力推广订阅模式。

在配送方面，沃尔玛推出了一项名为"无限配送"的杂货配送服务，在此之前，消费者只能在线订购商品并在当地商店免费取货，或者在购买时支付不超过 9.95 美元的运费。但现在，消费者可以用 98 美元/年或 12.95 美元/月的费用进行全年或全月订阅。消费者只需通过 Walmart Grocery 下单食品、杂货等，然后选择时间段等待商家配送即可。

2012 年，沃尔玛正式推出美食订阅服务 Goodies。用户每月只需支付 7 美元，就能收到沃尔玛寄来的一个装着 6～8 件美食的盒子（零售价为 15 美元）。跟市面上其他竞争者一样，沃尔玛美食盒子同样走独特和新奇路线，其中的美食包含手工、有机、无麸质等健康食品，而且都是从沃尔玛供应商和新兴公司采购的。举例来说，沃尔玛某个月主题为"简单的快乐"的美食盒子，包含酒味饼干、南瓜蛋奶酥、白切达乳酪、爆米花等美食，可以说相当诱人了。

Goodies 的用户每月支付的 7 美元包括税费和物流费用，对用户来说，这是相当划算的。相比之下，主打健康小食的订阅公司 Sprigbox 每月会给用户寄 10～13 件小食，价格是 26.95 美元；Love With Food 每月会向用户寄 8 件食物，收取 10 美元的费用；Pop-Up Pantry 主打餐食的订阅盒子每月也要 17 美元。

2018 年 1 月，沃尔玛与日本电商巨头乐天合作，在日本和美国的线上商店销售有声读物、电子书和电子阅读器，还出售各种实体书籍。这个名为 Walmart eBooks 的新服务拥有超过 600 万种图书，从畅销书到独立游记、儿童书籍，应有尽有。订阅服务的价格为每月 9.99 美元起。

2019 年，沃尔玛宣布与 Kidbox 合作。这是一家类似 Stitch Fix 的服装订阅公司，专注于提供儿童服装。用户每年可以从由沃尔玛网站购买多达六个不同的盒子，每个盒子包含 4～5 件物品，售价为 48 美元。用户可以选择留下盒中所有物品，无须支付额外费用，或退还所有物品并收到退款。"与 Kidbox 的合作伙伴关系使我们能够利用其他国家的优质儿童品牌来完善自身的产品。"美国沃尔玛电子商务业务负责人 Denise Incandela 表示。

2.2.2　亚马逊

自 2007 年起，针对一些日用消费品，如家居用品、美容产品、婴儿用品、宠物用品、办公用品等，亚马逊推出 Amazon Subscribe & Save（订阅并保存）服务。用户可以在 1～6 个月任选周期，而且在美国境内免邮费，其价格通常是普通购买价格的 85%，即节约 15% 的费用。用户可随时取消该项订阅服务。

这种"订阅并保存"的订阅模式在品牌营销中特别有用，因为它能够促进用户重复购买同一产品，提高用户的忠诚度。商家则可以根据预测报告，查看后续的产品需求，有助于改进库存计划。

亚马逊还有图书订阅服务 Kindle Unlimited，Kindle Unlimited 的推出使亚马逊成为图书界的奈飞，有助于亚马逊对抗 Oyster 和 Scribd 等图书订阅服务的冲击。与这些初创公司相比，亚马逊有着雄厚的用户基础、数量可观的电子书资源及非常成熟的 Kindle 服务，这些都有助于其图书订阅服务快速攻占市场。

2016 年，亚马逊正式推出其视频流媒体服务 Prime Video，以挑战行业先驱奈飞。在包括印度、加拿大和法国在内的 19 个国家中，Prime Video 可与亚马逊 Prime 服务捆绑订阅。在其他新市场中，Prime Video 用户前六个月可享受 2.99 美元/月或 2.99 欧元/月的优惠价，之后每月需要支付 5.99 美元或 5.99 欧元。

2017 年，亚马逊推出了一项针对孩子家长的订阅服务 STEM Club。通过该服务，亚马逊每月向家长寄送 STEM 玩具盒子，包含机器人及与自然科学相关的玩具、学习材料等，每月的费用为 19.99 美元。亚马逊围绕科学、技术、工程、数学等主题，针对不同年龄段的孩子人工挑选并寄送订阅盒子，保证教材、玩具等的难易度与儿童需求相匹配。STEM Club 的 STEM 教材对应的年龄范围分为三个年龄段：3～4 岁、5～7 岁和 8～13 岁。用户在预订后，首款教材会在一周内到货，其余产品则在余下一个月内分批送达，运费全免。

2018 年，亚马逊又推出了 Prime Wardrobe 订阅服务，允许消费者在家中试穿服装后再决定是否购买。年费为 99 美元的 Prime 会员可以在亚马逊网站上百万件服装中挑选至少 3 件商品，顾客在收货后 7 天内进行试穿并决定是否留下，若保留 3～4 件单品，可获得 9 折优惠，保留 5 件及以上，则可享受全单 8 折的优惠。这种形式类似于 Stitch Fix 和 Trunk Club，但不同的是，亚马逊允许用户先试穿后付款。Prime Wardrobe 一个最突出的卖点是便捷退货——顾客只需把需要退货的商品放回快递盒并把盒子摆在门口，之后会有快递员上门取货，顾客甚至不需要在场，这彻底解决了网购退货难的问题。

2.3 电影

2.3.1 迪士尼

2018 年 5 月，奈飞市值超越迪士尼，成为全球最大的媒体公司，这引发了媒体关于文娱公司"一哥"的争论。

迪士尼作为全球影视"老大"，自然不甘心被"年轻"的奈飞超越，很早就开始利用自己的内容优势布局视频订阅业务。早在 2017 年，迪士尼就宣布了在流媒体业务上的重大计划——于 2019 年启动在线娱乐流媒体服务，并通过自建两个新的流媒体服务，分别向消费者直接提供 ESPN 体育节目和家庭影片的播送服务。

2018 年 4 月，迪士尼率先推出了 ESPN+流媒体服务，希望能在有线电视之外"开拓疆土"。截至 2018 年 9 月，ESPN+的订阅量已经突破了 100 万。

2019 年 5 月，迪士尼再度加码流媒体订阅业务，宣布将从康卡斯特手中获得对视频网站 Hulu 的"全面运营控制权"，并且有望在五年后实现 100%控股。

2019 年 11 月，集合众多独家内容的 Disney+正式上线，定价为每月 6.99美元，无广告，支持浏览器、游戏主机、智能电视及移动设备等多平台，所有内容都可下载以离线观看。Disney+还提供了包年选项，年费为 69.99 美元。

再加上服务印度市场的 Hotstar，迪士尼旗下的 4 大视频订阅平台已全部就位。

迪士尼主打的 Disney+主要有两个优势。

（1）迪士尼的独家内容。

除"漫威电影宇宙"作品、《星球大战》系列、皮克斯动画及国家地理频道等经典内容外，热门电视剧《曼达洛人》、音乐剧《汉密尔顿》等 IP 大作也都上线了 Disney+。

除了既有的项目储备，25 部原创剧集、10 部原创电影和特别节目独家入驻 Disney+，包括"抖森"主演的《洛基》、伊丽莎白·奥尔森和保罗·贝坦尼的回归之作《旺达幻视》、安东尼·麦凯和塞巴斯蒂安·斯坦联袂的《猎鹰与冬兵》等 3 部漫威独立剧集，以及以安多上尉为主角的《侠盗一号》前传。除此之外，剧版《歌舞青春》、真人版《小姐与流浪汉》、《怪兽电力公司》衍生片、乔恩·费儒编剧并监制的《曼达洛人》等也赫然在列。

（2）相对低廉的价格。

Disney+的订阅费为 6.99 美元/月，ESPN+的订阅费为 4.99 美元/月，Hulu 的订阅费低至 5.99 美元/月。相比之下，奈飞的基础、标准和高级三款套餐的定价分别是 8.99 美元、12.99 美元和 15.99 美元，均相对较高。

迪士尼首席财务官 Christine McCarthy 透露，2020 年，迪士尼将投资 10 亿美元用于 Disney+的原创内容制作，2024 年，这一投入将达到 25 亿美元。Disney+于 2019 年 11 月正式推出，截至 2020 年 4 月，已经拥有超过 5000 万名用户，远超预期。Disney+的目标是在五年后每年产出 50 部原创作品，在全球范围内收获 6000 万～9000 万名订阅用户。加上已拥有坚实基础的 ESPN+和 Hulu，迪士尼未来的订阅用户将超过 1 亿人。

在这场真金白银的视频订阅"白刃战"中，迪士尼和奈飞呈现出"一攻一守"的态势，传统霸主和新晋巨头之争将是一场长跑竞赛。

2.3.2　AMC 影院

在北美地区，平均一部电影的票价为 9～15 美元，《复仇者联盟》等一线好莱坞大片的票价甚至高于 30 美元。但是，有了 MoviePass 卡，用户每月只需支付 9.95 美元的订阅费用，就可以在指定电影院任意观影。这张卡相当于一张储蓄卡，刷卡可立即获得电影票，额外的费用由 MoviePass 公司向电影院补齐。这意味着在很多时候，用户在一个月内看一部电影就可以"回本"。创新的模式与低廉的价格使 MoviePass 的订阅用户在短期内从 2 万人激增至 300 万人。

面对 MoviePass 给影院行业带来的威胁，美国最大的连锁影院 AMC 迅速推出了自有电影订阅产品——AMC Stubs A-List。

按照 AMC Stubs A-List 的规则，用户在订阅这款产品后，每月只需支付 19.95 美元，即可每周在 AMC 的电影院中观看不超过 3 部电影，不限影片与时间。另外，饮品（苏打水）和零食（爆米花）可免费升级，同时免除选座费、快递费及线上票务费。对偶尔才看一场电影的人来说，19.95 美元的包月费用或许并不划算，但对经常看电影的影迷来说，AMC Stubs A-List 还是非常值得考虑的。

与 Moviepass 不同，AMC Stubs A-List 用户可以提前订购电影票，也可以观看 IMAX 和 3D 电影，无须支付额外的费用。2018 年 9 月，AMC 宣布 AMC Stubs A-List 用户可以在 Atom 和 Fandango 上订票，两者均为美国当地使用人数较多的票务服务。

在 AMC 推出电影包月订阅服务的初期，很多人并不看好。不过，AMC 影院很快就吸引了超过 60 万名订阅用户，超出业界预期，成为该行业最成功的产品之一。

美国第三大连锁影院 Cinemark 也很快跟进，推出了包月观影服务 Movie Club，用户数量增长也很快。

为何国外电影市场会将目光放在电影票包月订阅服务上？

曾有媒体对美国和加拿大的观影统计数据进行分析，结果显示：2017 年，在超过 2 岁的用户中，有 76% 的人一年至少看一场电影；12% 的人每月至少看一场电影；53% 的人个别月观影不到一次，但每年观影多次；11% 的人每年看一场电影；24% 的人一年一场电影也不看。根据统计数据，约有 49% 的电影票收入来自每月至少看一场电影的人，57% 的人处于 12～38 岁年龄区间。用户在进入影院后的花费所贡献的利润占总利润的一半以上。

虽然观影人数增速放缓，但市场却一直在扩大。2017 年，美国和加拿大的观影人次仅为 12.4 亿（创 1992 年以来的最低纪录），却带来了 111 亿美元的市场。2018 年，美国和加拿大的票房高达 119 亿美元，观影人次为 13 亿，同比增长了 5%。

目前，各院线正在上调票价和特许价格，以弥补客流减少带来的损失。包月订阅服务为观众提供了优惠的观影方案，吸引的多是对价格敏感但喜欢看电影的观众。这些观众在观影选择上具有摇摆不定的特点，往往会受优惠价格的吸引。如此一来，包月订阅服务便可以很好地激发这部分观众的观影兴趣。

2.4　软件

2.4.1　微软

微软最知名的两大产品——Windows 操作系统和 Office 办公软件从诞生起，在很长一段时间里都采取买断付费制，用户一次付费，获得永久授权。微软是依靠台式电脑操作系统"发家"的企业，随着台式电脑的逐步衰亡，微软转型云计算和订阅模式，营业收入保持稳健增长，市值不断创新高。

在 2009 年硅谷嵌入式系统大会上，微软公布了可以通过 MSDN Embedded 订阅并免费下载的 Microsoft Visual Studio 2008 专业版，以及 Windows Embedded 开发者更新服务，拓展了 Windows Embedded 的"软件加服务"平台，并为开发者提供了一个更经济的获取微软平台和工具授权许可的方式，开发者可以获得技术支持和及时的软件升级。MSDN Embedded 及 Windows Embedded 开发者更新服务使微软全球 MSDN 社区用户可以通过统一的订阅途径，获取微软丰富的嵌入式平台系列产品和技术。

Microsoft Visual Studio 2008 专业版的 MSDN Embedded 订阅服务建立在传统的 MSDN 基础上，可免费下载，同时增加了新的优势——开发者只要订阅一次，就能获得多种微软操作系统、技术支持和其他资源。订阅内容包含 Visual Studio 的软件开发工具套件及 Windows Embedded 平台和技术，MSDN Premium 订阅用户还能通过 MSDN Embedded 获取相关资源。

2011 年 6 月 28 日，Office 365 正式发布。Office 365 是基于 Microsoft Office 套件的云端办公方案，包括免费的 Office Online、Skype for Business、Outlook Web、SharePoint Online 等。

Office 365 以收取订阅月费或年费的模式取代 Microsoft Office 2010 及以前版本的单次收费模式。借助 Office 365 订阅计划，用户可获取全套 Office 应用程序：Word、Excel、PowerPoint、OneNote、Outlook、Publisher 和 Access（Publisher 和 Access 仅支持台式电脑），并且可以在多种设备（台式电脑、Mac、安卓平板电脑、安卓手机、iPad 和 iPhone 等）上安装 Office 365。此外，用户还可享受各种适合家庭使用的服务（如 OneDrive 网盘），可始终使用最新版本的 Office 应用程序。

Office 365 用户数量变化如图 2-4-1 所示。

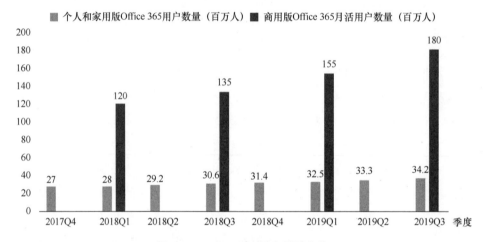

图 2-4-1　Office 365 用户数量变化

Office 365 在国外的售价是 99 美元/年或 10 美元/月。Office 365 在国内的售价 398 元/年（个人版），包含 1TB 的 OneDrive 存储空间、Office 全家桶等多项内容。订阅制使其用户数量大幅增加，2019 年第三季度，商用版 Office 365 的月活用户超过 1.8 亿人，个人和家用版 Office 365 的订阅用户增长至 3420 万人。

微软的 Office 核心产品已经从 Office 2019 变为 Office 365，从一次性授权的商用永久版变为付费订阅的持续更新版。订阅制提升了复购率及收入的持续性和稳定性，公司也可以把更多的精力放在打磨产品而非促进销售上，好的产品意味着高的用户黏性。

Office 365 订阅模式在推出后的前几年时间里，只是作为传统软件分发模式的一种补充。而现在的情况已经完全改变，微软将最主要的精力放在 Office 365 上，而把软件分发作为补充。从传统授权模式向订阅模式的转变，具有一定的必然性。

2019 年，微软宣布将在台式电脑上推出游戏订阅服务 Xbox Game Pass（XGP），和视频网站会员类似，每月收取固定的费用，玩家可以无限制地畅玩超过 100 款游戏，包括《极限竞速：地平线》系列、《光环》系列、《战争机器》系列、《帝国时代》系列。

游戏订阅服务最早在主机平台上出现，目前 Xbox One 有 XGP，PS4 有自家的金会员和 PS Now，EA 有 EA Access，育碧平台有 Ubi Access。谷歌和苹果相继宣布将在移动平台上推出手机游戏订阅服务 Play Access 和 Apple Arcade。各大厂商纷纷将游戏订阅服务扩展到其他平台，原因正是之前在主机平台上的尝试获得了成功。

在某种程度上，微软将 XGP 发展成一个连接玩家与游戏的桥梁，玩家可以通过这种成本较低的方式尝试不同类型的游戏，甚至买下心仪的游戏，而游戏又能以最快的速度触及玩家。对于很多刚刚开始"入坑"的玩家，如果不是特别明确地想玩某款游戏，先通过 XGP 服务体验一下各类游戏是很好的选择，一来能够试玩大部分主流游戏，二来能快速了解自己到底适合哪一类游戏。

2.4.2　SAP

SAP 成立于 1972 年，截至 2018 财年，SAP 的全球客户数达到 42.5 万人，员工总数近 10 万人，是 ERP 行业名副其实的全球领导者。从市场份额来看，2017 年，SAP 在 ERP 行业的市场份额超过 20%。

传统 ERP 系统基于 20 世纪末设计的业务流程和软件架构，这些架构的设计目的并不是处理、分析、应用数据。随着社会的持续发展及管理理念的创新，传统 ERP 系统越来越难以满足企业基于快速变化的市场形势灵活、快速决策的需求，应运而生的企业管理软件云化产品正在改变 ERP 行业。

在 Salesforce 等订阅制 SaaS 软件企业的竞争下，SAP 的业绩受到很大影响。2010 年，SAP 开始从传统的一次性购买模式向订阅模式转型。

对传统 ERP 公司来说，向"云化+订阅"转型无疑是艰难的，主要原因在于，产品设计思想的不同导致产品架构、运行逻辑、代码等都需要进行根本性的转变。对 SAP 这种业务遍及全球、拥有超过 10 万员工的传统企业来说，业务转型是对公司战略能力的一次巨大考验。

SAP 的云订阅战略转型总体来说是"两条腿，一起走"，一方面，对传统管理软件进行迭代，以满足云部署需求；另一方面，打造全新的基于云的生态体系。从结果来看，SAP 将外延并购的 SaaS 公司及部分内部研发的应用程序纳入基于云的商务套件，并通过构建 PaaS 平台（SAP Cloud Platform），打造足以和企业管理 SaaS 公司抗衡的云生态。

自 2010 年 SAP 开启云订阅战略转型以来，其内部打造的主要产品均向云部署方向转型。SAP 的云订阅收入占比由 2010 年几乎可以忽略不计的 0.1% 提升至 2018 年的 20.2%，如图 2-4-2 所示。

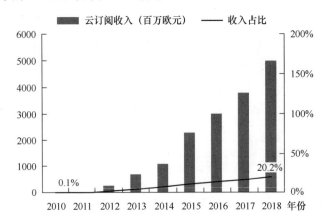

资料来源：SAP 年报、东方财富证券研究所。

图 2-4-2　SAP 的云订阅收入变化

2.5　科技

2.5.1　苹果

2019 年 3 月 26 日凌晨，苹果公司在新品发布会上推出了 Apple Arcade、

Apple TV+和 Apple New+，没有发布任何新硬件，订阅服务是这场发布会的核心。苹果正全面由"硬"转"软"，再加上此前的 Apple Music 订阅服务，苹果已经构建了从新闻、音乐、视频到游戏的内容订阅布局。

（1）Apple Arcade。

在订阅 Apple Arcade 服务后，用户可以按月付费，任意玩 Apple Arcade 上的各类游戏，无须逐个购买。

Apple Arcade 在 iOS 和 macOS 平台上同步推出，用户只需支付一次费用，就可以订阅 2 个平台的原创游戏，包括 The Pathless、Lego Brawls、Hot Lava、Oceanhorn 2 和 Beyond a Steel Sky 等游戏。

汇丰银行的分析指出，预计到 2020 年，Apple Arcade 可以实现 3.7 亿美元的收益，而到 2022 年、2024 年，收益更会高达 27 亿和 45 亿美元。

（2）Apple TV+。

Apple TV+对标奈飞，提供苹果公司制作的原创影视内容。Apple TV+免广告，所有点播内容都支持离线观看，面向全球 100 多个国家和地区。为了制作优质内容，Apple TV+与导演 Steven Spielberg、制片人 J. J. Abrams 和女脱口秀主持人 Oprah Winfrey 等知名创作者合作，推出了一系列原创节目。

用户可以通过 iOS、Mac、Roku、Fire TV 及第三方电视上的新 Apple TV 应用访问 Apple TV+，也就是说，用户不需要拥有苹果设备即可使用该服务。

（3）Apple News+。

2018 年 3 月，苹果收购了提供杂志订阅服务的技术供应商 Texture。在 Texture 已有服务的基础上，苹果发布了新闻订阅服务 Apple News+。Apple News+拥有超过 300 种杂志（包括娱乐、时尚、新闻、政治、健康、生活方式和旅游等类别），以及 LA 时报、华尔街日报等，每月收费 9.99 美元。

根据《纽约时报》的报道，在 Apple New+推出后，其订阅用户在 2 天内超过 20 万人。尽管在 48 小时后，订阅人数的增长速度开始放缓，但考虑到 Apple New+服务还将加入更多杂志等因素，Apple New+的订阅人数还会持续增长。

2.5.2　谷歌

谷歌旗下有 Android、YouTube、Google Play 应用商店等多种产品，其中很多都开始采用订阅模式。

2014 年，YouTube 试水订阅制，同年 11 月，其推出 Music Key 订阅服务，订阅费为 9.99 美元/月，为用户提供来自 YouTube 和 Google Play Music 的免广告、后台播放和音乐下载功能。2015 年 10 月，YouTube 推出 YouTube Red，取代 Music Key。YouTube Red 将免广告功能拓展到所有视频中，并创立 YouTube 原创内容品牌。

YouTube Red 的运作模式：将会员费的 45% 作为平台收入，其余的 55% 根据用户的实际观看情况分配给对应的创作者，以弥补广告分成的减少。在原创内容端，电影方面主要生产 90～120 分钟的内容，电视剧系列生产电视剧、综艺、真人秀等 10～50 分钟的内容。截至 2019 年 5 月，其原创内容的总时长达到 366 小时，品类超过 100 种。

YouTube Red 在原创内容上的初始思路：依托低成本的制作内容，将知名创作者的粉丝转化为订阅会员。于 2016 年 2 月上线的首批 4 档内容以头部"网红"为主角，包括由 YouTube"第一网红"PewDiePie 主演的《惊吓 PewDiePie》，该节目还原了 PewDiePie 玩过的恐怖游戏场景，节目核心是整蛊 PewDiePie。

2017 年 4 月，谷歌推出 YouTube TV，费用是 35 美元/月，包括 ABC、CBS、FOX、NBC 等 40 个频道。截至 2018 年年底，YouTube TV 共拥有 100 万付费订阅用户，行业排名第四。

2018 年 5 月，YouTube Red 被拆分为 YouTube Premium 和 YouTube Music，YouTube Premium 保留了 YouTube Red 的免广告、原创内容功能，而 YouTube Music 则是独立的会员服务。YouTube Music 主打音乐视频播放功能，结合用户在 YouTube 上的历史观看数据和音乐喜好为用户定制音乐流，提供个性化音乐体验。

2019 年 6 月 7 日，谷歌公布了游戏订阅服务 Stadia 的细节信息；2019 年 11 月，Stadia 正式发布。有了 Stadia，玩家可以直接玩游戏，而无须购买深拷贝文件或将大量文件下载到游戏机中。这项服务适用于各类硬件，玩家无须额外购买设备。Stadia 就像是电子游戏界的奈飞。

Stadia 搭载谷歌自己的连接设备 Chromecast 及无线电子游戏手柄。Stadia 的订阅费为 10 美元/月，低于奈飞的 12.99 美元/月。支付 129.99 美元，用户便可获得 Chromecast、手柄及三个月的 Stadia 服务。

Stadia 付费会员可以畅玩几十款游戏大作，每月可获得 3 款免费赠送的游戏，可以体验高达 4K/60fps 的高清画面及 5.1 环绕立体声。

2.6　服装

2.6.1　阿迪达斯

阿迪达斯推出的 Avenue A 是特别为女性准备的"季度性神秘礼物"，阿迪达斯希望通过这种订阅模式吸引更多女性消费者。

订购 Avenue A 的用户每个季度都会收到一个由阿迪达斯寄送的神秘盒子，包含 3～5 件当季运动装备，通常是跑鞋、运动服及其他运动配件。每个盒子的价格为 150 美元，盒子中的装备有的是可以在零售店买到的，有的则是限量版或原创设计产品。因此，对享受这一订购服务的用户来说，每一个盒子都是一份惊喜。

阿迪达斯表示，自身在运动装备的选择方面会紧跟时下潮流，在不失运动功能性的前提下，追求更加时尚的款式。Avenue A 的首次装备搭配由国际知名健身教练 Nicole Winhoffer 完成，其中包括 Pure Boost X，这是一款阿迪达斯首度为女性量身打造的跑步鞋，于 2016 年 2 月 1 日正式上架。

本质上，Avenue A 类似日本的福袋，消费者对商品的期待感是其最具吸引力的地方。Avenue A 规定：用户可以退回其中的残次品、更换尺码不合适的商品，但不能仅因为自己不喜欢而退货。也就是说，用户的消费是存在一定风险的。所以，一部分人可能就只想"尝个鲜"，导致该服务很难长期留存用户。

此外，提升女性市场占有率也是阿迪达斯推出 Avenue A 的目的之一。运动和健身正在推动全球女性的生活方式发生转变，运动品牌纷纷尝试女性运动细分市场，女性运动爱好者数量的不断增加让品牌商们更加聚焦于此。

2.6.2　GAP

GAP 是美国大型的服装公司之一，于 1969 年创立，当时只有屈指可数的几名员工。而现在，其是拥有 5 个品牌（GAP、Banana Republic、Old Navy、Piperlime、Athleta）、3200 多家连锁店、16.5 万名员工且年营业额超过 130 亿美元的跨国公司。

2017 年，GAP 推出"70 美元 6 件婴幼童服装"的订阅服务。

GAP 面向年轻父母推出该项服装盒子订阅服务，订阅者每年可以获得 4 个 GAP 婴幼童服装盒子。每个盒子包含 6 件当季服装，售价为 70 美元，GAP 称，如果按照单价计算的话，每个盒子的价值超过 100 美元。

订阅者有 21 天的时间给自己的孩子试穿这些衣服，不想要的单品可以退货，退货产生的运费由 GAP 承担。此外，订阅者可以按照自己的需求选择推迟或跳过某个季度的盒子，直接取消订阅盒子不会产生额外费用。

这项订阅服务最初只向购买频次较高的用户开放，经过一段时间的尝试，GAP 宣布向所有用户开放该服务。

涉及款式、尺码的服装订阅要比化妆品、剃须刀等更加复杂，一旦消费者对收到的服装不满意，物流成本就会随之增加。

对传统服装零售商 GAP 而言，订阅服务是其摸索消费者购物行为特点的有效途径。调查公司 Technavio 曾预测，到 2020 年，全球童装市场将维持超过 6%的年复合成长率，GAP 想通过这项服务来分析消费者喜好，从而抓住快速发展的童装市场机遇。

第 **3** 章

订阅企业崛起

"独角兽"（Unicorn）是指成立不到 10 年但估值超过 10 亿美元且未在股票市场上市的科技创业公司。在订阅模式兴起后，已经有多家订阅企业跻身独角兽之列，如 FabFitFun、JustFab、Peloton。

除了独角兽，还有不少已经上市的订阅企业，市值也超过了 10 亿美元。部分订阅企业上市情况如表 3-1 所示。

表 3-1　部分订阅企业上市情况

企　　业	上市时间	市　　值	创立时间
Stitch Fix	2017 年 11 月	20 亿美元	2011 年
蓝围裙	2017 年 6 月	19 亿美元	2012 年
哈罗生鲜	2017 年 11 月	18 亿美元	2011 年
Zoom	2019 年	235 亿美元	2011 年
Slack	2019 年 6 月	230 亿美元	2014 年

注：市值为截至 2019 年 12 月的数据。

3.1　FabFitFun

FabFitFun 于 2010 年以数字出版物起家，三年后，其演变为订阅平台，提供全品类（包括美妆、时尚、食品、健康、科技、家居）的泛生活方式订阅盒子。

FabFitFun 的订阅会员每个季度都会收到一个根据个人喜好定制的礼盒 FabFitFun Box，内含 4~8 款不同的产品，总价值约为 200 美元，而每个季度的订阅费仅为 49.99 美元。此外，会员还可以享受 FabFitFun TV 的视讯服务，该服务按需提供健康、家居等不同内容的视频直播，包含 750 多种健康课程、化妆教程、烹饪视频等。在 FabFitFun 的线上社群中，会员还可以通过社交媒体获得各种推荐资讯或购买独家商品。

除了为消费者提供独特的价值主张，FabFitFun 还帮助各种品牌吸引受众。每个季度，FabFitFun 都会为合作品牌定制节目，如在社交媒体上利用名人推广产品、策划活动等，从而使品牌与用户建立更亲密、持久的联系。

2018 年 10 月，FabFitFun 会员数量突破 100 万人。虽然 FabFitFun 拒绝透露具体的收入，但据报道，其 2018 年的收入已超过 2 亿美元。

近年来，FabFitFun 也像许多其他品牌一样，尝试线下的经营方式，如开设快闪店，让消费者在店里搭配属于自己的 FabFitFun 礼盒。

2019 年年初，FabFitFun 宣布获得了 8000 万美元的 A 轮投资。本次投资由 Kleiner Perkins 领投，New Enterprise Associates 和 Upfront Ventures 参投。在获得投资后，FabFitFun 将扩大会员的服务范围，并推动全球化扩张。另外，其还将聘用更多的资料分析专家，继续提升消费者的个性化定制体验。个性化是继续扩大消费者规模的关键。为了定制产品，FabFitFun 对每位客户进行了个性调查，并利用机器学习等技术挑选产品。

FabFitFun 联合创始人 Daniel Broukhim 在对外采访中说："我们的使命是激发人们的幸福感。基于我们独特的互动社群和体验，世界各地的人们都来 FabFitFun 发现新产品，并且持续参与。我们正在努力思考的问题是，如何为消费者创造更加独一无二的体验。正是这种对订阅会员概念的深度关注推动了我们的发展。"

Daniel Broukhim 表示，除美国外，FabFitFun 还在开发加拿大市场，并在对其他全球市场进行初期评估。

Kleiner Perkins 普通合伙人 Mood Rowghani 认为，FabFitFun 已经成为一个全新的分销渠道，大家都希望把零售业务带到消费者参与度最高的平台中。该公司的互动社群使品牌能够更好地理解消费者并与消费者互动，从而建立一种长期的联系，而不仅仅是一笔交易。

3.2　JustFab

JustFab 的注册地是美国，其于 2010 年 2 月 1 日成立。2014 年，该公司获得 8500 万美元 D 轮融资，由 Technology Crossover Ventures、Matrix Partners、Shining Capital、Passport Capital 联合投资。

JustFab 是一台电商平台，采用的是 VIP 会员订阅+普通按需购买模式。凡是加入 VIP 会员项目的用户，每月只要保证 39.95 美元的最低消费，就可以享受 VIP 优惠，所有商品的价格保持在 39 美元左右。而普通按需购买的用户则无法享受这些优惠，商品价格为 49～79 美元。目前其提供的商品主要是面向女士的鞋、包及饰品。

登录 JustFab 的网站可以发现，网站首先会让用户选择自己喜欢的产品类型，然后根据用户的喜好为其量身选择产品组合。同时，该网站会引导用户进行 VIP 会员注册，在注册后为用户提供个性化的私人服务，如特殊的产品组合及促销活动，并为会员提供大力度的优惠服务。不过，在成为会员后，用户每月需要保证 39.95 美元的最低消费，否则系统将每月自动从用户账户中扣除一定额度的会员费。

JustFab 看重产品的独特性，很多商品都是厂家特意为 JustFab 网站设计的，同时，JustFab 还为会员提供明星、名人等的搭配指导，再加上免费送货、优惠购物等措施，JustFab 拥有较高的用户忠诚度。JustFab 发言人表示，在其网站上购物但不注册会员的消费者，所占比例不足 1%。

2013 年 9 月，JustFab 在洛杉矶开设了第一家线下旗舰店，VIP 会员可以用网站的优惠价格进行购物，而普通消费者则需要支付比网站标价更高的费用。为帮助旗舰店设计师掌握库存情况，Justfab 专门开发了一款应用，该应用同时也可为消费者创建愿望清单，以发现消费者的其他需求。

JustFab 在未来独特的发展之路上，还会开发出更多的服务，可以预想到的主要有独有价格（根据会员等级确定不同的价格）、独有资源（提前为会员提供新货）、独有服务（礼宾服务和风格定制）、独特体验（与名人设计师互动和虚拟时装展）等。

3.3　Peloton

Peloton 于 2012 年在纽约成立，2018 年 8 月，其完成 5.5 亿美元的 F 轮融资，2018 年的估值超过 40 亿美元。Peloton 提供基本的健身单车套件及鞋子、哑铃、耳机和心率监测器等配件。除了健身单车，Peloton 在 2018 年秋季还推出了一款联网跑步机。

然而，Peloton 并不是一家运动器材零售公司，事实上，按照其联合创始人兼 CEO John Foley 的发言，Peloton 不是硬件公司，而是内容公司。通过健身器材上的显示屏，用户可以接受教练的远程指导。目前 Peloton 公司提供的课程包括跑步、竞走、训练营地、拉伸、瑜伽和力量训练等，用户需要订阅至少一个月的课程。

健身单车的售价约为 2000 美元，跑步机的售价约为 4000 美元。除此之外，每月的课程订阅费为 39 美元，总价格可以说是相当高了，但这并没有阻挡人们的消费热情。Peloton 的健身单车和跑步机获得了健身器械市场 7.3% 的份额，订阅用户也超过了 100 万人。

Peloton 最主要的一款产品为"智能脚踏车"，这款动感单车最大的亮点在于，其在车身前端设计了一个屏幕，除了同步显示运动数据和分析结果，用户还能通过屏幕在运动的同时观看 Peloton 的直播课程。直播课程为订阅服务的附加服务，均为 Peloton 独立录制的视频，在不同时间段有不同的课程安排，相当于一个 24h×7 的动感单车房。单车自带麦克风和摄像头，用户可以和教练在线交流，还可以关注与自己一同健身的其他用户。目前脸书上已经有不少成员数量上万的 Peloton 讨论群组。单车还会计算用户的热量消耗，并显示在大屏幕上，形成参与锻炼的用户的热量消耗排行榜。有教练的示范、骑友的互动，还有热量消耗排行榜的激励，人们可以足不出户享受高质量的单车课程。

Peloton 的课程也可以通过独立的应用进行订阅和观看，对大部分用户来说，既然订阅了课程，就会"顺手"买一台动感单车。

Peloton 的模式是"产品+服务"，比较简单，虽然定价不低，但 Peloton 仍能保持较快的用户增长速度并成为独角兽的原因在于，它通过课程、互动、数据分析、成果激励等解决了大多数人都会面对的"运动惰性"问题。

随着销售额的逐渐上升，在 2014 年和 2015 年，Peloton 在美国开出了 7 家体验型门店，同时支持线上订购。公司在 2015 年年底实现赢利，2016 年、2017 年连续两年收入翻倍。2016 年，Peloton 的年收入达到 6000 万美元，2017 年、2018 年的年收入分别为 1.7 亿美元、3.7 亿美元。

Peloton 的成绩令人印象深刻。根据 Peloton 公布的数据，平均每架单车每月能被使用 13 次。Peloton 的付费流媒体服务拥有超过 100 万订阅用户，复购率高达 96%，甚至高于以高复购率（93%）著称的奈飞。早在 2018 年年底，Peloton 就已经超过 SoulCycle，成为单车领域的头部公司。

Peloton 的成功在很大程度上归因于其新的硬件结构和在此基础上搭建的内容付费订阅模式，这种模式与奈飞类似。

奈飞制作的内容是电视剧、电影，而 Peloton 制作的内容则是健身视频课程。奈飞的视频是否受欢迎，与哪个明星主演关系很大，而 Peloton 的课程是否受欢迎，则与教练是否有媒体力有关。因此，Peloton 努力把教练培养成魅力十足的健身明星。这种将教练当作明星培养的思路，让 Peloton "捧出"了不少教练"网红"，成为另类"网红"孵化基地。另外，奈飞用大数据指导内容生产，Peloton 同样如此。Peloton 的课程研发团队会投入大量时间收集用户的骑行数据、心跳情况、运动节奏、线下课程出勤率、反馈意见等，由此确定课程最佳时长和课程内容。

为提升品牌知名度、增强与用户的互动、方便录制课程，Peloton 在全美开设了 60 多家体验店。在每次直播课程时，都有用户去体验店参与录制，而在家锻炼的用户则通过在线方式进行参与。

分析人士表示，高质量的订阅内容是 Peloton 出奇制胜的关键，既提高了用户留存率及课程的互动性和趣味性，也让其与传统家用健身产品区别开来。Peloton 总裁威廉姆·林奇表示，公司有志成为"健身界奈飞"，今后也将和奈飞一样，保持对内容制作的大手笔投入。

相对于传统健身房，Peloton 具有以下几大优势。

（1）消除了距离限制。传统线下健身房需要用户在训练时到场，而 Peloton 使有健身需求的人随时可以在家中健身。

（2）Peloton 推出的订阅内容包含教练的实时指导和教学。即使在家庭场景中，直播模式下的教练和学员也能进行有效互动。例如，学员的运动参数可以在直播中实时展示，另一端的教练能够清楚地看到学员的实时运动参数，并可随时进行错误纠正或动作指导。

（3）互动健身模式保留了真实的社交感和有效的社交途径。在 Peloton 的互动健身模式下，学员不仅能和教练进行交流，还可以和其他学员进行互动。而且，利用 Peloton 的数据记录模式，学员之间可以相互看到对方的运动数据，在同一个健身项目爱好和同一个健身环境的驱动下，用户之间自然就有了社交的欲望和行动。

3.4　Stitch Fix

Stitch Fix 成立于 2011 年，为用户提供服装订阅服务。Stitch Fix 会员可以选择每月、每两个月或每季度收取 Stitch Fix 衣服盒子，每个盒子内有 5 件衣服，用户在试穿后可购买喜欢的衣服并免费退回剩余的衣服，购买的件数不同，获得的优惠也不同，如果没有购买其中任何一件衣服，用户需要支付 20 美元的设计费。

Stitch Fix 公司内部的 80 位数据科学家利用数据帮顾客挑选最合适的衣服。Stitch Fix 基于用户每一次的选择，储存大量的用户个人资料，不断优化搭配方案，从而更好地满足用户需求，降低退货率。Stitch Fix 在 IPO 资料中提到："数据资料是公司前进的动力。"基于不断增加的个性化信息，Stitch Fix 开发了一套人工智能算法，能够根据用户风格、财力精准选择服饰。Stitch Fix 也因此成为不受零售巨头亚马逊威胁、股价持续攀升的科技公司。

对消费者来说，Stitch Fix 这项订阅服务的好处是可以省下自己购买衣服和退换货的时间，提高消费便利性并获得造型服务；而 Stitch Fix 则可以通过对消费者偏好数据的分析，创造比传统服饰零售商更佳的库存周转率。

3.5　蓝围裙

半成品食材服务可以说是现代人生活形态改变的产物，将经过洗切处理的食材、调味料、食谱等直接包装成箱、宅配到府的半成品食材服务，让忙碌而无法花费太多时间料理三餐的家庭也可以轻松愉快地和家人一起享用自己烹调的美食。这种服务不但能够帮消费者节省采买、备菜的时间，也大量减少了厨余量，还能够满足消费者偶尔想要自己煮饭的需求。

根据 AC Nielsen 于 2018 年公布的美国生鲜食品市场调查结果，消费者在半成品食材、美食外送、生鲜电商方面的花费，成长幅度高于大卖场、超市、便利商店、餐厅、速食店、杂货店等传统通路，其中又以半成品食材的成长率最为惊人，比美食外送的成长率高出 3 倍之多。

美国的半成品食材风潮由蓝围裙（Blue Aron）带起，再加上来自德国的哈罗生鲜（Hello Fresh）自 2012 年开始崛起，两者联手炒热市场，2016 年，美国半成品食材市场规模已扩大到约 15 亿美元，在 2017 年更出现爆炸性的 3 倍增长，达到约 50 亿美元。

成立于 2012 年的蓝围裙以订阅的方式每周为用户配送食材，平均每人一餐花费 9.99 美元、一周花费约 59.94 美元。

蓝围裙以半成品食材配送服务为主，提供当周食谱，用户按照喜好及人数下单，工厂对食材进行半加工后出货，之后用户按照附带的食谱操作，就能轻松完成菜品。这种商业模式近年来相当受欢迎，全球约有 150 多家公司正在抢夺这个价值 15 亿美元的市场。

根据蓝围裙申请 IPO 的文件，三分之一以上的用户的年龄为 25～34 岁，约四分之一的用户的年龄为 35～44 岁，主要用户相对比较年轻。

2017 年，蓝围裙以每股 10 美元公开上市，共售出三千万股，获得 3 亿美元资金。

蓝围裙创立的初衷是节省用户到超市购物、思考今日食谱的时间，同时，用户可以享受烹调的过程，但不需要担心购买过多的食材。另外，蓝围裙直接与农场合作，以把控食材品质。

如何维持消费者持续订阅的意愿，是蓝围裙面临的最大挑战。根据购买分析公司 Cardlytics 的资料，超过一半的食材订阅用户会在初次体验后的 6 个月内取消订阅，影响因素可能是订阅费用或用户自身的烹饪欲望。

3.6 哈罗生鲜

创立于 2011 年的哈罗生鲜提供集食谱策划、烹饪指导、食材购买、包装和递送于一体的订阅盒子服务，运营范围涵盖美国、德国、英国和荷兰，月配送约 400 万份餐食。

食谱套餐的平均费用为每人每餐 10～13 美元，共有三种套餐可供选择，分别是快速烹饪餐、素食餐和家庭餐，用户可选择杂食/素食。一般来说，订阅盒子每周递送一次，包含 3～4 餐的食材，用户可自行选择食材分量、递送时间。

哈罗生鲜食材订阅盒子的服务特色：

（1）食谱以西餐为主，具有全球特色；

（2）烹饪指南清晰易懂，用户可在 30 分钟内轻松搞定两人餐；

（3）食材新鲜，包装分量恰到好处；

（4）热量、食物过敏原等标注清晰；

（5）每周食谱自选，可最大限度地贴合个人口味；

（6）订阅灵活，可随时暂停。

2012 年年初，哈罗生鲜创始人以欧洲人口密度最高的地区为目标，开始在柏林、阿姆斯特丹、伦敦配送食材；之后，为了应对越来越多的需求，公司开发了一种物流模式，能在指定的国家配送到户。2012 年 12 月，哈罗生鲜登陆美国东海岸。2013 年，哈罗生鲜进入高速发展期。2014 年 9 月，哈罗生鲜配送范围覆盖了整个美国。2015 年，公司的配送范围扩展到 3 个大洲的 7 个国家。2017 年年底,哈罗生鲜完成 IPO 定价。2018 年,哈罗生鲜收购 Green Chef,市场份额超越蓝围裙。

3.7　Zoom

Zoom 成立于 2011 年,其将移动协作系统、多方云视频交互系统、在线会议系统无缝融合,为用户打造便捷易用的一站式音视频交互、数据共享技术服务平台。2019 年 4 月 18 日,Zoom 成功在纳斯达克上市,受到投资者的追捧,2020 年 8 月,其总市值高达 687 亿美元(在 2017 年 D 轮融资下,Zoom 的估值仅为 10 亿美元)。

Zoom 的核心产品为视频通信云平台,可以基于电脑、手机、电话和公司视频会议室等多终端,实现大规模接入的高可靠、低延时的视频会议。从公司发展历程我们可以看到,在最早的 Zoom Meetings 基础产品之后,公司基于客户需求不断研发新的产品,除了 Rooms、Chat、Phone 等自有应用产品,公司还开发了可以对接第三方应用的应用市场 Marketplace,与美股 SaaS 巨头 Slack、Salesforce 等均有合作。

2019 年,Zoom 拥有超过 75 万名客户,约 6900 家教育机构在使用 Zoom 的产品,其中包括 90%的美国 Top 200 大学。

Zoom Meetings 主要提供 4 种类型的产品,分别为个人会议产品、针对小型团队的产品、针对中小型企业的产品及针对大型企业的产品,产品价格分别为免费、14.99 美元/月、19.99 美元/月、19.99 美元/月。客户可以根据会议的参会人数、时间等选择最合适的产品。同时,Zoom 还为企业提供以软件为基础的会议室解决方案、网络研讨会、云录制存储等多种产品。

终端用户的体验是核心,Zoom 致力于打造具有最佳用户体验的产品,花费了大量时间倾听客户的意见。在大部分情况下,Zoom 团队会通过 Zoom 的视频会议收集客户反馈,并根据客户反馈进行调整。Zoom 还定期监控净推荐值(NPS),目前 Zoom 的得分为行业领先的 69 分。Zoom 提供 365 天全天候(24h×7)的客户支持,形式包括在线即时聊天、电话和视频,在 2019 财年最后 3 个月的时间里，其客户满意度超过 90%。公司提供和销售产品的方式也以客户体验为导向，视频会议功能可供所有人免费使用（不超过 40 分钟）。免费增值服务和令人满意的用户使用体验是 Zoom 客户购买产品的主要动力。

3.8　Slack

Slack 最初是一个为支持 Glitch（一款网页端大型多人在线游戏）而开发的沟通协作工具，结果最后 Glitch 失败了，Slack 却奇迹般地生存下来。Slack 的开发始于 2012 年年底，2013 年 8 月，Slack 开始内测，2014 年 2 月，Slack 公开发布。在产品开发的过程中，Slack 创始人 Stewart Butterfield 和他的团队仔细听取了早期使用者的反馈意见，对产品进行了调整和完善。Slack 的透明性和集中化吸引了众多用户的加入。2014 年 8 月，Slack 日活用户数量已达 17.1 万人；2014 年 11 月，日活用户数量增至 28.5 万人；2015 年 2 月，日活用户数量达 50 万人。根据其招股书，2019 年 1 月，其日活用户数量已达 1000 万人。

与此同时，Slack 日益受到资本市场的青睐，从 C 轮到 H 轮，Slack 共融资约 12 亿美元。2019 年 4 月 26 日，Slack 正式向美国证券交易委员会（SEC）提交了上市申请；同年 6 月 20 日，Slack 在纽约证券交易所以 DPO（Direct Public Offering，直接公开发行）的形式直接挂牌交易，代码为"WORK"。在上市首日，Slack 股价开盘较 26 美元的发行价涨超 50%，市值一度突破 230 亿美元。

Slack 将产品的核心功能锁定在"搜索""同步""文件分享"上。

（1）搜索功能：在 Slack 上，用户可以随时随地通过搜索来获取自己所需的任何信息；

（2）同步功能：Slack 专注于打造一个能够兼容多平台、多设备并能在不同平台设备上同步使用的产品；

（3）文件分享功能：Slack 专注于开发一个能够快速粘贴图片或能够通过简单的拖拽操作分享文件的简单、直观的用户界面。Slack 也凭借这些功能迅速获得了大量早期用户，其中很多用户基本上全天都在使用 Slack。

同时，Slack 非常关注用户体验与需求，具有以下几种特点。

（1）安装简单，Slack 能够与其他各种产品与服务兼容，同时能够做到像电子邮件一样安全可靠。

（2）Slack 会评估几乎所有的客户反馈，以保证用户体验。2015 年，Slack 的用户体验团队已经有 18 名全职员工了，其中有 6 名员工在 Twitter 上提供全天候支持。

（3）Slack 对表情符号的支持非常受用户欢迎。Slack 的商标、格子标签图标等反映了工具的社交敏感性，成为一个强大的通向 Slack 其余产品的门户。

2017 年、2018 年、2019 年，Slack 的付费用户数量分别为 3.7 万人、5.9 万人和 8.8 万人，净留存率分别为 171%、152%、143%。

Slack 以两种方式非常巧妙地实现了用户留存。

一是利用"钩形模型"鼓励用户对 Slack 进行投资。用户发送的每一条消息、上传的每一份文件及共享的每一个表情回复符号都推动了用户参与度的提升。这在一定程度上也解释了为什么 Slack 会将发送 2000 条消息作为关键指标。

二是避免在付费计划背后设置溢价功能，采用免费增值的服务模式。与其他企业通信工具相比，Slack 的免费产品和付费产品几乎没有区别。唯一的区别是可以索引和搜索的消息数量，以及可以连接的团队数量。通过将 Slack 的绝大部分功能免费提供给用户，Slack 对有意试用该产品的中小型团队变得更具吸引力，而 Slack 的低价使得从免费用户升级到付费用户的成本非常低。

以第三方应用为中心的可扩展性是 Slack 的核心特色功能。Slack 将工作中所有碎片化的信息接口整合在一起，使得用户可直接在会话窗口快速调用第三方应用、收发第三方应用的通知，完成即时通信、收发邮件、文件存储等各类工作，避免了用户频繁切换不同应用的不便，提高了企业/团队的内部协作效率及信息的利用率。例如，如果集成了 Dropbox 或者 Google Drive，在默认情况下，Slack 用户可以在聊天室中直接上传和储存文件，而不需要切换到其他程序窗口进行操作。Slack 已经与 Heroku、Zendesk、Google Drive 等第三方服务合作，整合了电子邮件、短信、GitHub 等 65 种主流工具和服务，集成的应用多达数千个。

第 *4* 章

生态体系崛起

随着订阅经济的发展，各种相关的第三方服务快速成长。这些第三方服务大大促进了订阅经济的发展，与众多订阅企业一起构成订阅经济的生态体系。订阅经济第三方服务企业如图 4-1 所示。

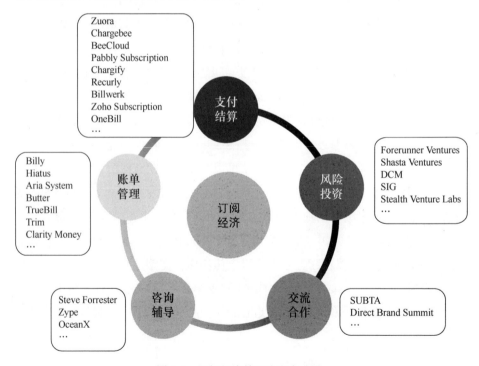

图 4-1　订阅经济第三方服务企业

4.1　账单管理

　　Billy 的目标是帮助用户轻松管理线上订阅付费账单（订阅音乐、电影或其他服务所产生的账单）和固定支出，主要通过追踪用户的近期账单和定期支出实现这个功能。目前 Billy 主要追踪的是一些按月付费的账单，如房租、话费，以及用户从 Dropbox、Apple Music、声田、Playstation Plus、Evernote、Google Drive、奈飞等网站上订阅服务所产生的账单。

　　Hiatus 成立于 2015 年，两位联合创始人是 David Callis 和 Todd Gower，他们希望帮助用户了解自己是否重复订阅了某项服务。2017 年，Hiatus 宣布获得了一笔 120 万美元的种子轮融资。实际上，Hiatus 的解决方案并不复杂，在和用户的银行账户进行关联后，通过了解哪些扣费项目是重复的，就能识别出用户的重复付费订阅项目。在很多情况下，用户会忘记自己曾经订阅了哪些服务，而且有些服务甚至会"暗地里"扣费，由于金额不大，很容易被用户忽略。

　　Hiatus 每月都会在自动扣费交易发生之前，给用户发送通知，如果发现恶意扣费项目，用户可以通过手机、电子邮件或直接登录网站进行取消。

　　Hiatus 还推出了一项全新服务——利用账单协商工具帮用户省钱。如果用户觉得自己每月的订阅费过高，那么就可以通过该工具与服务提供商进行沟通协商。Hiatus 在获得用户授权后，会代表用户与服务提供商进行协商——在确保服务质量不变的情况下，让用户支付的费用有所减少。举个例子，如果用户选择了移动运营商 38 元/月的数据套餐，获得 200MB 的数据流量，那么在 Hiatus 的帮助下，用户获得 200MB 的数据流量可能只需 28 元/月。

　　Hiatus 采用和用户分成的收入模式，从节约的资金中分成一半。用户有两种支付方式，一种是提前预付，另一种是按月分期支付。当然，如果 Hiatus 没有帮用户省钱，用户则不需要支付任何费用。

　　其他类似的订阅账单管理工具还有 Butter、Aria System、TrueBill、Trim、Clarity Money 等。

4.2　支付结算

祖睿（Zuora）于 2007 年在美国硅谷创立，是目前硅谷成长最快的公司之一。祖睿创始人、首席执行官左轩霆曾是 Salesforce 的早期员工之一，在离职前担任首席营销官，离职后，左轩霆创办了祖睿。

祖睿帮助企业在线管理用户订阅、计费和支付等业务，解决在提供订阅服务的过程中面临的问题，包括如何定价、通过什么渠道支付、如何提升订阅率、如何避免流失率上升等。祖睿的愿景是帮助企业在订阅经济中取得成功。

祖睿创立之时正是全球金融危机时期，不少产业大鳄轰然倒下，多数企业开始缩减开支，然而祖睿却在"品尝"创新带来的成果：其以 400% 的年营业额增长成为硅谷年营业额增长最快的 SaaS 公司；在 2010 年第一季度达成了 10 亿美元的客户交易流通额；第一代产品发布刚两年，就拥有近 200 家客户，并且现金流为正。

祖睿的 Z-Billing 和 Z-Payments 产品帮助企业在同一个解决方案中方便快速地发布新产品、扩大运营规模，并实现定期计费和支付。Z-Force 产品又将 Z-Billing、Z-Payments 和 Salesforce 集成在一起，帮助企业销售他们的订阅产品和服务。Z-Commerce 是第一个为云计算开发人员开发的商业平台，客户可以是 Java、Ruby、Force 或脸书的第三方云计算开发者，通过 Z-Commerce 商业即服务式的解决方案，开发者只需写几行代码就可集成计费、支付和订阅管理等服务，从而使自己的云计算服务实现赢利。Z-Billing 2.0 是第一个完整的订阅企业计费解决方案，还可以帮助客户清楚地看到那些驱动业务增长的具体指标。Z-Payments 2.0 是第一款专门管理订阅式商务整个定期付款周期的产品，可以帮助订阅企业接收任何形式的付款，实现自动化异常处理，减少计费和付款争执，从而缩短收账周期。

另外一家比较知名的是订阅支付系统服务商是 Chargebee。

2018 年，Chargebee 获得 2470 万美元的投资，拥有来自 53 个国家的 7000 多名客户。

Chargebee 提供支付网关中立型订阅计费解决方案，接入了 Stripe、Braintree、PayPal、Adyen 等其他支付网关。Chargebee 为不同行业的 B2B 和 B2C 订阅企业提供支持。Chargebee 帮助客户推出其新业务并将业务拓展至新国家，客户无须担心合规、税务规定、语言、货币甚至新营收模式等问题。

Chargebee 联合创始人、首席执行官 Krish Subramanian 表示："我们看到，在世界范围内，订阅业务呈现出强劲的发展势头，而且其定价和产品捆绑方式颇具创新力。"打造一个可持续的订阅业务是十分困难的，要求商户持续地交付产品价值和客户服务，而这一点则让计费成为一个关键的任务系统，因为计费能够为打造可扩展的业务提供所需的灵活性：一方面能够提供流畅的客户体验，另一方面能够在监管日渐严格的全球经济环境下确保合规。

BeeCloud、Pabbly Subscription、Chargify、Recurly、Billwerk、Zoho Subscription、OneBill、PayWhirl、Cartfunnel、GoTransverse、BillingPlatform、Apttus、SAP Hybris、Digital River 也提供订阅支付管理系统。灵活度、自动化程度和数据分析功能是众多订阅支付结算系统的差异化之处。

4.3 风险投资

据不完全统计，截至 2020 年 8 月，已有 10 多家订阅企业上市，上百家订阅企业获得风险机构的投资。获得投资的订阅企业不完全统计如表 4-3-1 所示。

表 4-3-1 获得投资的订阅企业不完全统计

订阅企业	融资金额	投资机构	IPO/并购
蓝围裙	1 亿美元	Fidelity Management、Research Company、Stripes Group、Bessemer Venture Partners、First Round Capital	2017 年 IPO
Marley Spoon	5300 万美元	QD Ventures、Kreos Capital、Lakestar、GFC	2018 年 IPO
哈罗生鲜	3.69 亿美元	GFC	2017 年 IPO
Dollar Shave Club	1.6 亿美元	Foreunner Ventures、Venrock、Comcast Ventures、New World Ventures、Battery Ventures、Technology Crossover Ventures	被联合利华收购

（续表）

订阅企业	融资金额	投资机构	IPO/并购
Ipsy	1 亿美元	TPG Growth、Sherpa Capital	—
BirchBox	1.276 亿美元	Forerunner Ventures、Accel Partners、Glynn Capital、Viking Global Investors、First Round Capital、Aspect Partner、Consigliere Brand Partner	—
Glossybox	7200 万美元	Rocket Internet、Kinnevik Online	被 THG 收购
Stitch Fix	4250 万美元	Benchmark、Structure Capital、Baseline Ventures、Lightspeed venture Partners	2017 年 IPO
Abox 壹盒	数千万美元	红杉资本中国基金、XVC、DCM、金沙江创投、险峰长青、初心资本、真格基金	终止运营
垂衣	3000 万美元	光合创投、清流资本、SIG、云九资本、蚂蚁金服	—
小鹿森林	数百万美元 天使轮	真格基金、金沙江创投	
TheLook	数百万美元 A 轮	贝塔斯曼亚洲投资基金、硅谷投资基金、SV Tech、真格基金	—
秘盒幻想曲	数百万元 天使轮	道生资本、深圳群达科技	—
Rockets of Awesome	1950 万美元 C 轮	Forerunner Ventures、General Catalyst、August Capital、Female Founders Fund、Launch Incubator	
Snackoo	400 万美元	山东经纬集团、NERA Capital、Westlake Venture、Heda Venture、LYVC、IR Capital	
MollyBox（魔力猫盒）	数百万美元 A 轮	DCM、九合创投、原子创投	—
超能小黑	2000 万元 A 轮	联想之星、博创瓴志、梅花创投、真格基金、远镜资本	
花点时间	数亿元 B 轮	经纬创投	
奈飞	91.7 亿美元	TVC	2002 年 IPO
声田	4 亿美元	TVC、Tiger Global、腾讯、索尼、Creandum	2018 年 IPO
One Medical	2 亿美元	J.P. Morgan Asset Management、PEG Digital Growth Fund II L.P.、AARP Innovation Fund L.P.、Google Ventures、Benchmark Capital、DAG Ventures	—
MoviePass	600 万美元	HMNY	被 HMNY 收购

（续表）

订阅企业	融资金额	投资机构	IPO/并购
Farmer's Dog	810 万美元 A 轮	Shasta Ventures、Forerunner Ventures、Collaborative Fund、SV Angel	—
Canva	4000 万美元	Shasta Venture、红杉资本中国基金、Blackbird Ventures、Felicis Ventures	—
祖睿	1.54 亿美元	Shasta Venture、黑石资本、格雷洛克、Passport Capital、Index Ventures、Greylock Partners、Benchmark Capital、Redpoint Ventures、Next World Capital、Vulcan Capital	2018 年 IPO
FabFitFun	1.1 亿美元 A 轮	凯鹏华盈、Upfront Ventures、恩颐投资（NEA）、500 Startups、Draft Ventures、Anthem Venture Partners	—

根据 PitchBook 的数据，2016 年，获得风险投资的订阅创业企业数量达到创纪录的 70 家，2017 年、2018 年分别为 56 家和 50 家，虽然数量有所下降，但 2018 年，这项业务创下了超过 12 亿美元的资本投资记录，这可能是由于行业日趋成熟并因此产生了更大的价值。获得风险投资的订阅创业企业数量和投资金额如图 4-3-1 所示。

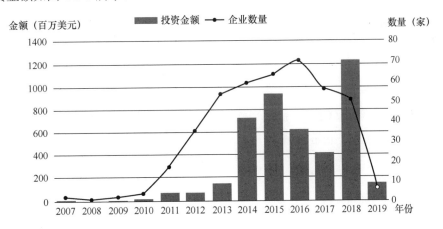

注：2019年的数据为截至2019年2月的数据。

图 4-3-1 获得风险投资的订阅创业企业数量和投资金额

红杉资本中国基金、DCM、真格基金、SIG、蚂蚁金服、贝塔斯曼亚洲投资基金、黑石资本、Google Ventures、Benchmark Capital、Y Combinator 等国内外知名风险投资机构纷纷大举进入，这充分说明了资本对于订阅模式的看好。奈飞、声田等知名上市企业在资本市场中表现良好，更激励了众多投资机构对订阅创业企业的投资兴趣。

在所有看好订阅模式的投资机构中，值得注意的是一个名为 Forerunner Ventures 的基金，该基金投资了 BirchBox、Glossier、Dollar Shave Club、Rockets of Awesome、Ritual 等多家明星订阅企业。2010 年，Forerunner Ventures 对化妆品订阅服务公司 BirchBox 等进行了一次性投资。在仅有 500 万美元的投资资金时，Forerunner Ventures 向 Dollar Shave Club 投资了 100 万美元。专门面向女性的维生素供应商 Ritual 在 2015 年获得 Forerunner Ventures 种子轮投资。

Shasta Ventures 是 Dollar Shave Club、祖睿、Farmer's Dog、Perfect Coffee、Imperfect Produce、Smule、Hinge、Zwift、Canva 等数十家订阅企业的投资机构。Shasta Ventures 是订阅业务的"忠实拥护者"。

Jason Pressman 是 Shasta Ventures 的合伙人。Jason Pressman 认为，订阅经济正在蓬勃发展，并由客户活动产生的实时数据驱动着。根据沃尔玛的经验，Jason Pressman 相信，在未来 20 年的时间里，商业模式将完成从一次性购买到持续订阅的巨大转变。因此，Jason Pressman 在 Shasta Ventures 的主要投资方向就是订阅创业企业。订阅模式能为消费者带来巨大的便利性和灵活性。

Stealth Venture Labs 也投资了很多订阅创业企业：配饰订阅 Coastal、运动休闲服饰订阅 Yoga Club、生鲜订阅 Home Chef、神秘盒子订阅 Hunt-A-Killer、多肉植物订阅 Succulent Studios 等。

4.4　咨询辅导

除了很多投资机构给订阅创业企业以资金支持，还有很多机构/人专门面向订阅创业企业提供咨询辅导服务。

Julie Ball 是订阅网站 Sparkle Hustle Grow 的创始人，也是一个女性创业者社区的领导者。同时，她也是一个订阅盒子教练，帮助创业者开创订阅事业。Julie Ball 建立了一个订阅盒子加速营项目（一个 6 个月的在线课程），涉及各种工具、模板，涵盖订阅企业从创立到发展的各阶段。

Steve Forrester 通过订阅加速器计划，帮助创业者快速开启一项订阅业务，相关培训分为四大模块。

（1）模块一：开启计划，选择一个有利可图的长尾市场，设计产品及有吸引力的包装，开设网站；

（2）模块二：获得更多订阅用户，营销并推广业务；

（3）模块三：提高客户留存率，让订阅者长久订阅；

（4）模块四：快速扩张订阅业务。

另外，Zype 专注于视频订阅网站建设，还有向订阅企业提供营销服务的 SocialWithin、提供订阅数据分析服务的 Sublytics、提供一站式服务的 OceanX。有了这些完善的第三方服务，创建一个订阅网站就变得非常轻松，"分分钟"就可以搞定。

4.5　交流合作

随着订阅企业越来越多，供大家交流、合作的平台就变得非常有必要了。

SUBTA 是一个知名的订阅协会，其全称是 Subscription Trade Association，目的是促进订阅行业的交流、合作和发展。

SUBTA 是第一个也是目前唯一的聚焦订阅主题的协会。在加入 SUBTA 后，会员可以获得全面的行业数据、精选的订阅新闻资讯、专业的研究报告，还可以参加各种研讨会及加入在线社区。SUBTA 的会员服务也是以订阅方式提供的，个人月度会员费是 57 美元，个人年度会员费是 397 美元，团体年度会员费是 997 美元。

SUBTA 每年会举办两场围绕订阅主题的大会，一场是 Recur，另外一场是 SubSummit。SubSummit 是一个聚焦订阅经济的大会，为期 3 天，参与者有订阅初创企业、知名的订阅企业、风险投资家、第三方服务机构等，一般涉及

100 多名演讲者、100 多家相关企业及 1000 多名参会者，是一个订阅案例分享、学习交流的平台。另外，SubSummit 还会组织评奖，评选出各细分领域的优秀订阅企业，如最佳宠物订阅盒子、最佳设计订阅盒子、最佳订阅初创企业、最佳客户服务订阅盒子等。SubSummit 设有路演环节，初创企业可以尽情展示自己，以赢得风险投资机构的投资。

此外，还有 Direct Brand Summit、The Recurring Revenue Conference、Media Subscriptions Summit 等围绕订阅主题的会议。

4.6　小结

订阅模式在各行各业的广泛应用，以及围绕订阅经济形成的生态体系的完善，充分说明订阅经济已经形成规模并走向成熟，成为一种不可忽视的新商业模式。

第 **5** 章

订阅经济到底是什么

传统的牛奶订阅、报纸订阅等已经延续了很长时间，但其并不是本书所讨论的订阅模式。前文论述的奈飞等订阅企业所采用的订阅模式与传统订阅模式有很大差别，作者称之为"订阅经济"。如同传统零售和新零售的区别，虽然表面看起来都是零售，但背后的很多理念和方式是截然不同的。

订阅经济到底是什么呢？作者认为，在与其他商业模式进行比较的过程中，一个新模式的概念可以清晰地呈现出来，我们并不急于下一个严谨但晦涩的定义。

5.1 订阅经济和传统订阅模式的区别

17 世纪，期刊和报纸出版商开创了订阅模式，传统订阅模式起源于此时。

国内的报刊订阅主要是通过邮局进行的。读者查阅邮局编印的《报刊目录》，选好要订阅的报纸或期刊，然后按邮局的要求填写"报刊订阅单"或"报刊订阅清单"，写清楚户名、住址、报刊名称、报刊代号、订阅份数、订阅起止日期等，然后交费。在订阅时间方面，邮局一般从每年 10 月 1 日开始收取次年出版的报刊费用。如果读者订阅了一年的报纸，那么邮局工作人员会每天投递报纸到读者的信箱中；如果订阅了一年的按月出版期刊，那么读者每月都会收到期刊。

订阅经济和传统订阅模式相比，相同点在于预付+定期支付。然而两者产生的时代背景不一样，背后的主导思维和运作逻辑有很大区别。订阅经济是产生在互联网、大数据、人工智能这些技术背景下的，与传统订阅模式有巨大差异。

首先，在支付方面，订阅经济是完全自动化进行的。以前受限于支付技术，支付以人工手动操作为主，到期后无法自动续订。订阅经济则采用第三方支付或信用卡授权方式，一次签约，后期自动续订。关于支付周期，传统订阅模式的支付周期一般在 1 年以上，而订阅经济一般以月为周期，甚至以周、天为周期，这也得益于支付技术的发展，相比以往更加便利。同时，订阅也变得更加灵活，用户随时可以订阅或取消订阅，从而可以吸引更多订阅用户。因此，传统订阅模式的应用仅限于有限的几个行业，而订阅经济却能很快地扩展到几乎所有行业中。

其次，在产品和服务方面，传统订阅基本是补货类型，每期都是同种产品，或者同一产品的更新版，比较单调。在订阅经济下，通过大数据和人工智能打造的推荐引擎可以高效率地匹配海量产品和海量用户，催生了奈飞的海量资料库订阅模式、Stitch Fix 的精准推荐模式、Ipsy 的惊喜盒子模式等多元化的订阅类型。

最后，在运营方面，在订阅经济下，订阅企业各流程都数字化了，可以进行以数据驱动的精细化运营；而传统订阅模式的数字化水平很低，运营比较简单粗放。

打个比方，传统订阅模式如同百年之前基于马匹的快递，订阅经济则如同基于飞机、高铁、智能机器人等现代交通工具和技术的快递，二者已经有了质的区别。

5.2 订阅经济和会员制的区别

我们去超市、理发店等消费时，店员通常会问"您要不要办会员卡"等问题。一些会员卡需要定期交费，然后定期消费，好像和订阅经济有类似之处，那么，这两者是等同的吗？

会员制起源于 17 世纪英国的俱乐部，那时的俱乐部带有浓厚的贵族气息，是在当时的商业社会发展过程中，同社会层次的人们为创造一种排他性的社交场所而创立的制度，会员一般以男性为主。俱乐部之所以受欢迎，是因为它能够为会员提供高私密性和近距离的社交氛围。

在英国和美国，至今仍有一些著名的传统男性会员俱乐部，如于 1872 年在旧金山建立的"波希米亚俱乐部"（Bohemian Club），很多美国的国家领导人都是该俱乐部的会员。这也说明会员制俱乐部能够给人以阶层归属感和自由的社交空间。

最早的会员制是指由俱乐部根据其提供的服务估算出被服务人员（会员）的最大人数以招募会员，然后依据一定的规章制度，为这些会员服务。后来经过发展，会员制的概念也发生了一定改变。现在的会员制通常是指针对特定的消费人群，提供有别于非会员的服务。由于定位及经营目标等的不同，产生了许多不同的机制形态，主要差异在于会员制度、服务条件、收费办法、对会员承诺的权利及会员应承担的义务等不同。

国内常见的美容卡、健身卡、超市会员卡等都属于会员制的产物，消费者在成为会员后可以享受积分、折扣等优惠活动。

在会员制模式下，消费者须缴纳会费或者达到一定条件才能成为会员，其购买的是一种资格，商品或服务要另外付费；非会员则没有消费资格或需要承担更高的费用。而在订阅模式下，消费者支付订阅费就可获得商品或服务，所有订阅者都有资格享受服务。

举个例子：1996 年，沃尔玛在我国的第一家山姆会员店在深圳开业。山姆会员店规定，消费者要想来店购物，首先得交纳一定的会费，在成为会员后才有资格进入店内购物。个人会员可以办理一个主卡和两个副卡，费用分别为150 元和 50 元。这就是典型的会员制。不过，现在国内很多会员基本没有任何加入门槛，只要有消费行为或者提交个人信息就可以成为会员，会员卡泛滥成灾，很多并非严格意义上的会员制。

5.3 订阅经济和传统零售的区别

去超市购物、去服装店买衣服，这些都是传统零售场景。在这些场景中，消费者和商家一手交钱一手交货，进行的是一次性交易。而在订阅模式下，消费者和企业签订契约，形成一个长期稳定的关系。只要消费者不退订，消费行为就会定期持续下去，因而这是一种具有持续性、重复性的多次交易。

传统零售的本质是卖产品，在交易结束后，消费者和商家的关系就结束了；订阅模式的本质是卖服务，消费者和商家会进行长时间的定期交易，在订阅期间，关系会一直持续下去。

5.4 订阅经济与定期购买的区别

一些爱思考的读者可能会想，如果我定期去超市购物，是不是就和订阅一样呢？"定期去超市购买生鲜"和"生鲜订阅"好像差不多啊！定期购买和订阅到底有没有区别？区别很大！

定期购买虽然交易次数增多，但依然没有改变每次交易都是一次性交易的本质，消费者和商家没有契约关系。

另外，传统零售也好，定期购买也罢，对消费者来说，交易是主动消费，每次都要挑选商品。而在某种意义上，订阅模式是被动消费，消费者只需表明自己喜欢的风格或者提供其他个性化信息，具体的商品和服务由企业来选择和提供。

5.5 订阅经济和共享经济、租赁经济的区别

订阅经济和共享经济、租赁经济虽然有一定交集，但也是有本质区别的，不能混为一谈。

共享经济常见的形式有汽车共享、拼车、公共自行车、共享充电宝等。共享经济具有弱化拥有权、强化使用权的作用。理论上，在共享经济体系下，人们可将所拥有的资源有偿租借给他人，使闲置资源获得更有效的利用，从而使资源的整体利用效率变得更高。但事实上，目前大量企业所宣扬的"共享经济"并不是利用闲置资源，而是制作了那些专门用于"共享"的商品，本质上是"租赁经济"。共享经济和租赁经济的区别如表 5-5-1 所示。

表 5-5-1　共享经济和租赁经济的区别

类　型	共享经济	租赁经济
平台	是	否
商业模式	C2C	B2C
资产	轻	重
网络效应	强	弱
市场趋势	赢者通吃	存在多个玩家

租赁经济是指出租人将某件物品的使用权借给承租人，承租人通过支付酬金，在不获得该物品所有权的情况下获得使用权。神州租车、共享单车、共享按摩椅背后的资产都属于企业，实质上都是租赁经济，而滴滴、优步、爱彼迎都是利用分散在社会各处的闲置资源，才是真正的共享经济。

订阅经济和共享经济、租赁经济的共同点是不看重所有权，而看重使用权。如果共享经济、租赁经济采取单次交易的方式，如共享单车骑一次收费 1 元或服装租赁企业出租一件衣服收取一件衣服的租赁费，就显然不是订阅模式；但如果消费者按月付费，然后可以享受无限次骑行或者租赁任何衣服的服务，就属于订阅经济。另外，租赁经济通常需要消费者交纳一定的押金，而订阅经济则不需要任何押金。

5.6　订阅经济的核心要素

通过与传统订阅模式、会员制、传统零售、定期购买、共享/租赁经济等一系列模式进行对比，我们可以清晰地了解订阅经济。总体来看，订阅经济与其他模式的异同如表 5-6-1 所示。

表 5-6-1 订阅经济与其他模式的异同

比　　较	相同之处	不同之处
传统订阅模式 VS 订阅经济	定期购买、预付	非自动化支付，模式单一；自动化支付，模式多元，数据驱动
会员制 VS 订阅经济	长期关系	有门槛，买资格；无门槛，买服务
传统零售 VS 订阅经济	购买商品	一次性交易，现付；持续交易，预付
定期购买 VS 订阅经济	定期购买	一次性交易，现付，主动消费；持续交易，预付，被动消费
共享/租赁经济 VS 订阅经济	使用权	一次性交易；持续性交易

总体而言，订阅经济的核心要素包括持续交易、自动化支付、被动消费和数据驱动。

1. 持续交易

持续交易就是在一段时间内多次交易，如在 1 年的订阅期内，每月交易 1 次，一共 12 次。持续交易的背后是消费者和企业达成了契约关系，消费者在某时段内按月或按周购买商品或服务。除非消费者取消订阅，否则企业将持续提供服务，由此构建起消费者和企业的长期关系。

消费者授权企业可以定期从自己的银行账户中自动扣款，以支付订阅费用。通常来说，每次订阅交付的量是固定的，之后自动付款的时间不超过 24 个月。

2. 自动化支付

现在大部分订阅服务都是按月进行的，1 年要进行 12 次支付。自动化支付技术让支付变得很简单，并且大大降低了支付成本。只要用户和企业签约授权，这 12 次付款都会自动进行，不需要用户和企业进行任何额外操作。因此，很多企业还推出了更灵活的按周订阅甚至按天订阅方案。

自动化支付是订阅经济的核心技术，支撑订阅经济的大规模发展。

根据 Ardent Partners 的研究，自动化支付可以节省 80% 的支付成本，与传统的手工操作或基于纸钞的支付方式相比，自动化支付可以将发票审批的平均时间从 28 天降低至 3 天。

另外，自动化支付还可以大幅减少由人工操作导致的错误，数据都保存在云端，因而更加安全。

3. 被动消费

当我们看书时，我们不停地思考，高度集中注意力，这是一种主动阅读；当我们看电视、刷新闻和抖音视频时，信息不断释放，我们被动接受而无须思考太多，这是一种被动阅读。

同样的，主动消费就是消费者根据自己的需求主动挑选商品，然后付款拿回家。不管是通过线下超市，还是通过线上平台，消费者的购物行为都是主动的。订阅经济则能够利用大数据和人工智能技术，直接猜测用户可能喜欢什么，然后进行精准推荐。用户只需提供一些信息和数据，就可以坐等喜欢的视频、衣服等自动呈现和送货到家，然后直接消费即可，这是典型的被动消费。

如同今日头条的图文信息流、抖音/快手的视频信息流等，用户只要刷新就会有新的内容，订阅经济也流式提供用户所需的商品和服务，一直订阅一直有。因此，这种消费方式比主动消费更加轻松简单，受到很多人的欢迎。

4. 数据驱动

订阅经济产生于 21 世纪，而 21 世纪是一个高度数字化的时代，因而订阅经济天生就是由数据驱动的。订阅经济整合使用了大数据、人工智能、互联网、物联网等最新技术，这些数字化技术成为订阅经济不可或缺的重要部分。

以服装订阅平台垂衣为例，用户每次的"需求发布、成功消费、退回货物"等行为都会形成数据沉淀，帮助后台系统更加清晰地描绘用户"塑像"。

5.7　订阅经济的本质

在传统商业中，交易完成，商品送到消费者手上，一次销售就算完成了。但是在订阅经济中，客户的第一次订阅并不意味着销售的完成，而是销售的开始。企业持续提供服务，只有客户主动取消订阅，销售才会结束。

对消费者来说，手里持有的现金相当于对商品的选择权，购买了什么商品就是对什么商品投出一票。如果和订阅企业签约，相当于消费者将自己未来一段时间内的选择权让渡出去了，需要承担一定的风险。

因此，订阅经济的本质是，消费者和企业达成一个长期契约关系，消费者让渡自己的部分选择权，企业持续为消费者提供服务。订阅费用的支付可以视为消费者认可订阅平台的服务。在契约订立之后，订阅企业才能为消费者量身定制方案，并寻找真正匹配的商品。订阅企业与消费者一起不断完善订阅计划，并使双方的契约关系变得越来越稳固。

5.8 订阅经济为什么是一种新商业模式

很多人会觉得，订阅经济说白了不就是一种新的销售方式、一种新的支付手段吗？其实不然。表面来看，订阅经济只是新的销售方式和支付手段，但其背后还有新的分销模式、新的生产制造流程等，多种元素组成了一套高效运转的完整系统。因此，订阅经济完全可以看作一种新的商业模式。

商业模式指企业价值创造的逻辑。Petrovic 认为，商业模式可以被视为一个商业系统的逻辑，其目的在于创造客户价值，它存在于真实商业活动的背后，是企业战略在抽象层面的概念化描述，在公司商业活动执行过程中发挥基础性作用。商业模式描述了企业如何为自己和客户创造、交付和获取价值的基本原理。商业模式的三大核心要素如图 5-8-1 所示。

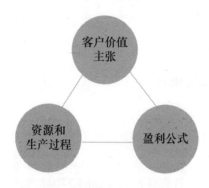

图 5-8-1　商业模式的三大核心要素

由哈佛大学教授 Mark Johnson、Clayton Christensen 和 Henning Kagermann 共同撰写的《商业模式创新白皮书》提到："任何一个商业模式都是一个由客户价值主张、资源和生产过程、盈利公式构成的三维立体模式。"

（1）客户价值主张是指在一个既定价格上，企业向其客户提供服务或产品时所需完成的任务，包括企业如何定义目标客户、为客户解决怎样的问题、销售什么商品及如何销售等问题。

（2）资源和生产过程是指支持客户价值主张和盈利公式的具体经营模式。关键资源包括员工、技术、装备、信息、渠道、合作伙伴、品牌等，确保实现客户价值主张；关键流程是指各种规章制度，包括生产、设计、制造、营销、招聘等流程，以及投资、借贷、采购等规则和标准，确保能够持续不断地为客户提供价值并不断扩大规模。

（3）盈利公式是指企业为股东实现经济价值的过程，具体包括收入模式、成本结构、资源周转速度等。

下面我们就从商业模式的三大核心要素入手，分析订阅经济是否是一个完整的体系。

5.8.1　客户价值主张

在客户价值主张方面，一般来说，企业可以从用户解决问题的 3 个障碍来考虑：金钱、时间、技能。奈飞、腾讯视频等提供的订阅服务，可以让用户每月以比较低的成本观看上千部电影、电视剧等，为用户节省了金钱。"男人袜"定期配送袜子，Dollar Shave Club 定期配送剃须刀片，这些订阅服务大大节省了用户的时间。食材订阅企业蓝围裙则让很多不会做菜的年轻人也可以轻松做出丰盛的饭菜，帮助不会做菜的"小白"摇身一变成为大厨，掌握做饭的技能。

总体来说，订阅模式非常适合有一定经济基础但又比较繁忙的都市年轻人。各式各样的订阅企业将产品或服务打包好，直接送到用户面前，大大简化了用户在衣食住行方面的各项流程，更节省时间、简单方便。

5.8.2　资源和生产过程

为了支撑客户价值主张，订阅企业需要运用大数据、人工智能、互联网、物联网等一系列技术，搭建自动化支付和账单系统。在订阅用户的开发、留存、唤醒及订阅产品的设计、定价、优化等方面，订阅企业都有相应的流程和制度。这些确保了订阅企业可以持续为用户实现价值主张。

创办于 2015 年的花加（FlowerPlus）是成立时间最早、规模最大的鲜花订阅电商品牌，其通过手机端下单、包月制宅配，满足用户随时随地的用花需求。花加在不到两年的时间里，累计注册用户数量突破 700 万人，单月最高销售额超过 1 亿元，在日常鲜花消费这一细分市场里"风生水起"。

花加的客户价值主张是"用鲜花点亮生活"，鲜花不该只种在地里，应该出现在每个人眼前。也就是说，花加关注的是都市人的日常鲜花消费，而非传统鲜花在节日、纪念日的礼品消费。为了实现这个独特的价值主张，花加在供应链、物流、品牌等各方面都和传统线下花店截然不同。

在供应链方面，花加的上游是鲜花生产商，下游是 C 端用户，花加是其中的连接者。鲜花是极其娇嫩的产品，对供应链和物流体系的要求很高。花加在创办早期就开始布局上游供应链和物流体系，建立了前端花田直采、中端集中性生产、后端城市终端配送的模式。

2018 年年初，花加在全国建立了超过 8000 亩的鲜花基地，设有 7 大仓库、5 万平方米的现代化鲜花工场，拥有超过 1000 名产业工人。每周采摘六百万枝鲜花，每月的发货数量约为 200 万盒，平均每秒有 18 位"花友"收到鲜花。

在物流方面，花加将 36 小时准时送达率保持在 95% 以上。在 2018 年"5·25 悦己节"活动期间，花加在上海实现 52500 万单鲜花从下单到收货仅用时 2 小时的极速送达服务，七夕期间这一物流模式在北京成功复制，并将配送时间缩短为 90 分钟。

与传统鲜花零售采用常规空运，然后通过二级鲜花批发市场层层向下配送不同，花加采用低温冷藏运输方式，通过干线运输，将鲜花从产地运输至分布在全国各地的鲜花加工基地，再从基地分拨至各大快递配送站点，最后送到消费者手中。这种物流模式的优势：全程冷链运输，损耗更小；相比传统空运，成本更低；能够满足消费者的即时消费需求；提供的花材更加多样，并且全程标准化管理，能给用户带来更好的消费体验。

花加在营销和品牌方面很有创意和创新能力。例如，其打造了明星同款包月套餐及多种不同价位的产品包，开发了具有独家配方的液体保鲜液、定制花艺剪、工装手制围裙、环保袋等周边装备。

在跨界合作方面，花加与 COACH 跨界合作推出联名花卡，与同道大叔合作开发 IP 系列星座花，与 Lancaster 跨界打造圣诞花盒套装。此外，还有与其他知名品牌合作的女子运动系列套装、七夕枪炮玫瑰套装等。花加还打造了"5·25 悦己节"；推出"加上花就对了"品牌战役；通过多种优惠"组合拳"降低鲜花尝试门槛，如 1 元开抢、满减放送、买一年送半年、半价秒杀等。花加通过灵活多样的营销方式和富有创意的品牌战略，让用户接触到花加的产品，进而逐渐养成消费习惯。

花加不惜成本打造完善的供应链和极致物流体系，是为了给用户提供精细化的极致消费体验，让鲜花能够保质保鲜，在最短的时间内送到用户手中。同时，花加非常重视客户服务系统的建立，24 小时在线处理用户反馈，力求为用户提供最佳体验。在 2016 年出现马利筋配送瑕疵时，花加在第一时间全部召回，获得了用户和舆论的广泛称赞。

5.8.3 盈利公式

在为客户提供价值的同时，订阅企业也能够获取可观的利润并不断扩大自身规模，实现与客户的共赢。订阅企业获取的收入都是重复性收入，只要客户的退订率维持较低水平，重复性收入就会越来越高，同时成本由于规模效应而摊低，利润随之而来。

截至 2019 年 4 月 27 日，美国服装订阅平台 Stitch Fix 第三财季的收入较上年同期增长 29%，达到了 4.089 亿美元。Stitch Fix 首席执行官 Katrina Lake 指出，收入上涨的一部分原因是活跃的客户群体不断扩大，本财季增长 17%，达到了 310 万人，另外消费者的支出也比去年增加了 8%。同时，Stitch Fix 第三财季的利润率达到了 45.1%，高于去年同期的 43.6%。自 2017 年上市以来，Stitch Fix 已经连续七个季度实现营业收入同比增长超过 20%。

流媒体订阅平台奈飞就更厉害了。2018 年，奈飞总营收达到 158 亿美元，同比增长 35%，运营利润较上一年度几乎翻了一倍，达到 16 亿美元。奈飞的付费订阅人数也达到了新高（1.39 亿人），新增订阅用户 2900 万人，平均付费订阅人数和平均客单价相比 2018 年分别上涨 26%和 3%，保持了连年增长的良好势头。

综上所述，订阅经济具有从客户价值主张、资源和生产过程到盈利公式的完整体系，完全可以作为一种新的商业模式来研究和运营。

第 **6** 章

订阅经济为什么会崛起

订阅经济的崛起受到了消费者和企业一推一拉两方面的驱动。

6.1 消费者为什么喜欢订阅模式

当前消费者的消费方式与之前相比发生了很大的变化。

基于订阅的定价模型已存在数百年，但现阶段使用该模型的公司数量呈爆炸式增长的根源在于过去十年客户期望的变化。

各种新技术的出现，使每个人都有机会随时随地与企业进行互动，消费者逐渐习惯于按需获得自己想要的东西。与此同时，消费者开始期待企业更高的服务水平，也希望自己购买的产品和服务能够随着时间的推移不断改进。

在订阅模式下，订阅者可以轻松切换服务提供商，因此希望获得用户忠诚度的企业必须提供持续的高质量服务。为了实现这一点，企业必须在明确了解用户行为的基础上进行生产、营销和交付，并且必须培养与每个用户的良好关系。

6.1.1 便利性

随着手机和移动互联网的日益普及，人们越来越青睐简单快捷的生活服务。20 世纪 90 年代，人们听歌还需要到网上搜索歌曲或者将 CD 里的歌曲转录成 mp3 格式，然后连接电脑和 mp3 播放器，将歌曲导入播放器。如今，人们只需打开 QQ 音乐、声田等音乐订阅平台，就可以畅享上百万首歌曲，可以根据歌曲名、歌手名等很快查找到自己想听的音乐。这些音乐平台还有强大的推荐引擎，可以根据每个用户不同的信息，有针对性地推荐用户可能喜欢的音乐。

在国外的一项调研中，55%的受访者表示，如果不能快速找到自己想要的商品，就会放弃网络购物；77%的受访者认为，一个企业可以提供的最好的服务就是能够节省他们的时间。订阅经济快速发展的背后是"懒经济"的驱动。如今生活节奏加快，消费者越来越不喜欢在购物上耗费大量时间，他们希望可以直接获取自己需要的商品或服务。基于此，催生了这类不需要用户动脑挑选商品的订阅盒子。

以美食盒子为例，无论是菜谱类应用还是美食类视频网站，都想让"下厨"这件事变得更简单。于是，全球一批创业公司看到了其中的商机，带来一种全新的半成品生鲜电商 O2O 模式——提供设计好的食谱及所需的食材，用户只需在家中按步骤简单加工一下即可享用美食。

哈罗生鲜是其中一个典型代表，其通过向用户提供食谱，让用户选择自己喜欢的方案，之后哈罗生鲜代替用户对所需的食材进行集中采购和包装，并配送到用户家中。用户按照所给的菜谱，可以在半小时内做好一餐。食谱的内容包括对菜品的简要描述、烹饪所需的时间、难度系数、特殊说明（是否含坚果和麸质等）、食材和配料用量、营养含量及图文步骤。

哈罗生鲜的所有食谱均由内部的厨师团队独家定制，并由内部的营养学家审查，以确保向用户提供营养均衡的健康饮食。用户可以随时通过网页或手机客户端查看并下载本周、下周及以前的食谱。

哈罗生鲜提供三种订购产品：经典、素食和家庭方案。同时，为了便于包装和运输，他们对用户的选择进行了限制。以美国网站上的信息为例，经典方案包含当季蔬菜、鱼和肉类产品，有 6 种食谱可供选择，可满足 2～4 名成年人的用餐需求。素食方案只提供蔬菜类食谱，而家庭方案则包含儿童食谱，这两种方案都不可以选择食谱。不过，素食方案可以选择 2 人份或 4 人份，而家庭方案的分量限定为 2 名成年人和 2 名儿童。哈罗生鲜可供选择的方案和费用如表 6-1-1 所示。

表 6-1-1　哈罗生鲜可供选择的方案和费用

套餐方案	用餐人数	用餐次数	费用（美元）
经典方案	2	3 餐	69
	3	4 餐	84.9
	3	5 餐	99
	4	3 餐	129
素食方案	2	3 餐	59
	4	3 餐	109
家庭方案	4	2 餐	79.95
	4	3 餐	105

资料来源：哈罗生鲜官网。

　　所有套餐都是免运费的。这样整体算下来，对选择经典方案的用户来说，每人每餐最低不到 10 美元。相比于外出就餐，这样的价格对美国家庭来说十分具有吸引力。哈罗生鲜还提供灵活的订阅方式。用户可以自行选择配送时间和地点，并可以在配送的 5 天前随时修改、暂停或取消订阅。此外，哈罗生鲜还提供电子礼品卡，用户可以购买包含食材方案的礼品卡并赠送给他人，而收到的礼品卡可以用 1 美元兑换成相应的食材方案。

　　对消费者来说，订阅最大的好处是扩大了选择。我们都曾拥有 CD 或磁带，但现在，我们可以通过订阅在线音乐库获得世界上所有音乐的收听权限。时尚订阅服务也在我国起步，并依托庞大的中产阶级迅速扩张。例如，美国时尚租赁网站 Le Tote 于 2018 年落户深圳，用户在支付月费后，可无限制租用服装和配饰，商家承担运费和清洗费用。虽然对不少人来说，穿别人穿过的衣服是难以忍受的，但对想追求时尚又不想花过多的钱购买衣服的工薪族来说，这是一个极具吸引力的选择。

6.1.2　新鲜感

　　人们喜欢旅行的很大一个原因是旅行能带来新鲜感。当人们走出机场，感受当地的温度、当地的食物和当地的语言时，一切都是新奇的。然而，一旦同一个机场出入三到四次，人们的新奇感就会开始退散，周围的一切再次变得平凡、格式化，进入一个新世界的幸福感就一去不复返了。

在前一种情况中，新鲜感在发挥作用。简单地说，一切都是新的，大脑可以敏锐地感知新环境的所有状态；而在后一种情况中，大脑没有发挥同样的作用，因为一切都很熟悉、不新颖。

在更深的层次上，心理学家将这种情况称为"新颖寻求"。科学研究表明，新鲜的外界刺激可以激发快乐、满足等感觉。这就是订阅服务诞生的依据。消费者从订阅服务中获得大量新的、个性化和令人兴奋的元素时，也会激活大脑中的快乐区域。

为了满足消费者对美妆护肤的不同需求，一些公司在网上推出美妆订阅盒子，一经推出便引发热卖风潮。例如，美国美妆电商 BirchBox 推出了美妆订阅盒子，仅一年便拥有大约 250 万活跃用户。在国内，上海别样秀数据科技有限公司旗下的别样海外购应用推出了美妆 WOW 宝盒，上千个美妆盒子在推出后两小时内就宣告售空。

6.1.3　性价比和个性化

经济学里有"M 型社会"一词，该词是由日本趋势研究学者大前研一提出的。简单来说，就是富人愈富，中产愈下：在经济由高速增长转为趋缓甚至衰退后，资本回报的增速远远高于劳动回报的增速，更少的人掌握了更多的财富，中产阶级人群却出现分流。仅少部分人能从中层跻身富裕阶层，大部分人则进入中下收入阶层，中层群体坍缩，社会财富的人口分布结构从"A 型"走向"M 型"。

《二十一世纪资本论》里的历史数据展现了美国社会的 M 型变化。美国收入前 10%人群的收入占美国国民总收入的比重从 1910—1920 年的 45%～50%下降到 1950—1970 年的不足 35%，但从 20 世纪 80 年代开始，这一比值持续上升，到 2010 年已重回 50%的高峰。

在我国，M 型社会也正在形成。国家统计局的数据显示，2013—2017 年，中等收入和高收入群体的人均可支配收入差距从 31758 元扩大到 42221 元，上涨超 3 成。全国居民按收入五等份分组的人均可支配收入如表 6-1-2 所示。

表 6-1-2　全国居民按收入五等份分组的人均可支配收入

组　　别	2013 年	2014 年	2015 年	2016 年	2017 年
低收入	4402 元	4747 元	5221 元	5528 元	5958 元
中等偏下	9653 元	10887 元	11894 元	12898 元	13842 元
中等收入	15698 元	17631 元	19320 元	20924 元	22495 元
中等偏上	24361 元	26937 元	29437 元	31990 元	34546 元
高收入	47456 元	50968 元	54543 元	59259 元	64934 元

资料来源：国家统计局。

从收入增长率来看，2014—2017 年，最富裕的"高收入"人群收入增长率由 7.4%增加到 9.57%；"低收入""中等偏上""中等""中等偏下"4 个群体的收入增长率逐年下降。人均收入的变化带来的是消费的变化，消费则是经济增长的最重要动力，而中产阶级则是社会消费的主体。M 型社会带来的中产阶级变化会对整个社会的消费观念和消费水平产生影响。

近年来，我国的新中产阶级群体迅速壮大。《2018 年中国高净值人群财富白皮书》显示，我国中产阶级人数全球第一，达到 3.83 亿人；另外，根据麦肯锡的中国消费者调查报告与 CBNData 发布的报告，预计到 2020 年，我国消费总量增长的 81%将来自中产阶级，可见中产阶级的消费潜力巨大。同时，《新中产报告 2017》显示，我国中产阶级人群主要分布在一二线城市，占比达到 72.94%。

消费习惯的相关数据显示，中产阶级消费者更青睐质量过硬且价格合理的产品。以汽车为例，中产阶级消费者在选择汽车时更青睐德系车（25.6%），其次是日系车（15.8%），说明质量仍然是中产阶级消费者关注的重点；另外对于汽车价格，中产阶级消费者更青睐 10 万~20 万元及 20 万~30 万元区间，占比分别为 42.31%及 56.04%。

在影响中产阶级消费的因素（见图 6-1-1）中，产品质量是中产阶级消费者考虑最多的因素，占比高达 82.2%；节约时间位列第二，占比达到 77.5%；性价比位列第三，占比为 73.8%。可见中产阶级消费者的消费观念趋于理性，即不对大牌、名牌趋之若鹜，而更倾向于品质较高、价格相对合理的高性价比产品。近年来的拼多多、小米有品、网易严选和名创优品等品牌和渠道的兴起，很好地印证了一二线城市"消费降级"的热潮。

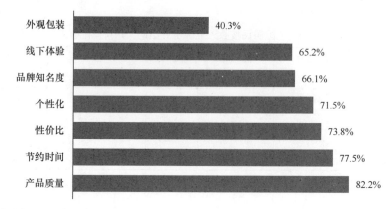

外观包装 40.3%
线下体验 65.2%
品牌知名度 66.1%
个性化 71.5%
性价比 73.8%
节约时间 77.5%
产品质量 82.2%

资料来源：《新中产报告 2017》。

图 6-1-1　影响中产阶级消费的因素

中产阶级消费者的消费理念趋于理性、更青睐高性价比产品的一个推动因素是中产阶级群体的生活压力剧增，这对其消费具有"挤出效应"。由于近年房产、医疗、教育等支出较高，中产阶级生活压力较大，在波士顿的报告中，这部分消费者被称为"高负债中产"，其特点就是"有资产但不宽裕"，即消费者拥有如房产等相当高昂的资产，但由于按揭等压力，生活并不宽裕。

若单纯从产品价格的角度来看，一二线城市的消费者更倾向于选择价格较低的产品，这确实是一种消费降级；但在追求价格合理的同时，消费者对产品本身的品质要求并没有降低，只是显现出更为理性、更为成熟的消费观念，在产品的选择上也不再盲从，对于品牌溢价更显谨慎，从这一角度来看，这是另一种形式的消费升级。

与此同时，人口结构的变化也带来了新的消费习惯。

"90 后""00 后"及更年轻的代际群体对互联网化的生活方式接受度较高，有着天然的黏性和归属感，对近 5～10 年发展壮大的互联网内容付费市场有较强的认知度和认可度，这类群体可以定义为"天然付费群体"。

2015 年，"天然付费群体"（于 1990 年及之后出生的人口）约有 4 亿人，占总人口的 29.3%；2020 年，"天然付费群体"预计占总人口的 34.1%；2025—2035 年，每隔 5 年的预计占比分别为 39.0%、43.9% 和 48.9%。

从绝对数角度来看，2015—2035 年，每 5 年的"天然付费群体"分别有 4

亿人、4.88 亿人、5.74 亿人、6.58 亿人和 7.4 亿人，每 5 年的同比增速分别为 22%、17.6%、14.6% 和 12.5%。同时，"90 后""00 后"的兴趣爱好更加广泛，对个性化的需求更加突出。

随着主流消费群体逐步切换，"80 后""90 后"成为消费主力。由于新一代消费群体的教育与成长环境不同，其消费观念也有别于"70 后"。一方面，相比于"70 后"，"80 后""90 后"的物质条件更加富足，产品的品类也更加多元化，选择更多；另一方面，新一代消费群体在消费观念上有较强的个人意识和追求，更青睐能与个人情感和生活方式相契合的产品和服务。

6.2　企业为什么青睐订阅经济

对企业而言，提供订阅服务的好处可能相当大。订阅模型允许企业锁定现有客户并扩大市场份额，并且接触到当前零售选择不足或不方便的客户。当消费者通过注册、订阅接收商品时，订阅企业可以获得丰富的消费者购买和偏好数据，还可以将订阅服务作为产品发布前的测试工具。另外，订阅模式能够为企业提供加深客户关系和建立品牌联系的机会。

6.2.1　业务和收入稳定可预测

由于订阅费一般都是按月或按年固定收取的，订阅企业可以更准确地预测每月/每年的收入，从而更好地安排贷款偿还、投资计划、人员招聘等事项。另外，企业可以更好地预测原材料需求，从根本上解决库存问题。库存管理是十分困难的，错误的管理方式遍布各行各业。

就传统商业模式而言，最大的挑战是如何预估需求。估计过高，钱收不回来，仓库里堆满存货；估计过低，则有可能导致库存不足，无法满足顾客需求。即使没有易腐烂的产品，库存也会受到变化多端的市场需求的影响。订阅制相当于企业和客户签订的一份合约，因为有合约的限制，所以订阅模式能够平缓需求，有助于更好地规划企业规模，使企业更好地掌握客户对产品的需求量。

6.2.2　积累宝贵的客户数据

现在，你可能还可以想起那种老式分销渠道的结构流程：制造商将产品卖给分销商，分销商将产品卖给零售商，零售商将产品卖给最终的用户。在这种模式下，企业需要依靠渠道获得顾客的反馈，如果企业想知道顾客喜欢的小饰品是绿的还是红的，就需要去问渠道经销商。

订阅企业能够更加接近最终用户，用户通过互联网与企业直接接触。所有的用户行为都被放到数学模型里，然后在数秒内产生数以亿计的数据。在你给《白宫风云》五星好评后，奈飞的数据分析会预测你可能会喜欢《纸牌屋》。数据就是财富，而订阅企业拥有大量的用户信息，传统公司之所以着手提供订阅服务，在很大程度上是因为他们需要用户信息。

2012—2013 年，沃尔玛的创新孵化器运营了一个订阅企业 Goodies。用户每月只需支付 7 美元，Goodies 就会将一盒试用品送到其家门口。如果用户喜欢里面的产品，可以从 Goodies 网站上买到正式销售的商品。

沃尔玛对会员的深入了解并不仅仅通过用户的购买行为，同时也通过 Goodies 的评分系统，这个评分系统允许用户评价他们收到的样品。Goodies 会以积分的形式对做出贡献的用户进行回馈，用户可以通过评分、写体验或者上传照片获得积分。如果用户得到了足够的积分，他们就能利用积分换取下个月的免费样品。

沃尔玛并不是为了每月微不足道的 7 美元而做 Goodies 的，这个全世界最大的零售商希望了解哪种零食是最受用户欢迎而且愿意花钱购买正式产品的。Goodies 帮助沃尔玛了解用户的喜好，以更好地进行商品采购决策。

对沃尔玛来说，订阅带来的数据是一笔巨大的财富。

由此可见，通过订阅服务，企业可以积累大量精准有效的数据，更精准的用户画像可以助力企业实现精准营销，做到真正意义上的"以产定销"，解决传统零售业态中的库存问题。企业通过大数据分析消费者偏好和市场走势，从而提供有针对性的服务甚至精准预估需求。

6.2.3　提高用户黏性和忠诚度

试想这样一个场景，假设你拥有一条 100 磅重的大白熊犬，它每天要吃满满两碗狗粮，这是一笔不小的支出，所以你总在关注狗粮的折扣信息。每过一段时间，你都需要到宠物用品店购买一些狗粮。如果你看到超市里狗粮打折，你会买；如果你发现另一家店有买一赠一的活动，你肯定会再次购买。最终，你可能会对进入商店购买打折狗粮的行程感到厌倦。

这时，你刚好了解到 PetShopBowl 的狗粮订阅服务。你欣喜若狂，这不正是自己想要的吗？在订阅后，每两周你就会收到送到家里的狗粮，你终于可以停止不断地搜索狗粮折扣信息了，也不需要自己到店里搬沉重的狗粮回家了，于是，你会持续订阅 PetShopBowl 服务。

订阅者知道自己签署了这样一个契约：企业以他们提供的便捷服务换取自己未来的忠诚度。相较于只买一次的顾客，订阅者的黏性更高。用户黏性和忠诚度的提升，意味着用户会购买更多的产品和服务，从而给企业带来更多的价值和利润。

我们以花店为例，花店和很多传统产业一样，一般最开始的几个月是没有收入的，因此他们不得不想办法来激发用户的购买需求。他们会支付高昂的费用给商铺，以确保在用户的结婚纪念日前抓住用户的眼球；他们会在关键节日加大广告投入力度，以使用户从他们那里买花。如果他们错估了某个节日期间的客流量，那么他们的存货就会腐烂。

将此模式与鲜花订阅企业 H.Bloom 进行比较。这家花店的创始人 Bryan Burkhart 和 Sonu Panda 表示，他们希望成为"鲜花界的奈飞"。H.Bloom 为酒店、餐馆、休闲健身中心提供鲜花。与传统花店必须不断激发新用户需求不同的是，H.Bloom 每周、每双周或者每月向订阅者投递鲜花。因为 H.Bloom 不需要开设线下店铺，与传统花店每月以 150 美元/平方米的价格在曼哈顿租一个好商铺相比，它每月只需以 30 美元/平方米的价格租下城里工业区的百年老楼。

传统花店在向顾客出售一次鲜花后，他们可能以后都不会再见到这个顾客，但 H.Bloom 可以和酒店签订一个每周 29 美元的合约，如果 H.Bloom 能让这个客户续约 3 年，这最终将创造一个价值约 4524（29×156）美元的客户。

6.3　技术的变革发展

订阅经济的崛起离不开互联网和物流等的发展，一些新技术的出现和发展，使得订阅经济的土壤越发肥沃，从而诞生了诸多明星企业。

科技的发展让各种订阅服务成为可能，并且使接触消费者的门槛大幅降低。智能手机的出现与网速的提升，让消费者随手就能叫到一辆车、随时能看到想看的电影、随时能听到想听的音乐，因此他们对各种订阅模式会有更多的期待。

6.3.1　互联网

订阅经济的发展是基于互联网的，没有互联网，就没有订阅经济。

如今，互联网已经成为人们生活必不可少的一部分，如同水和空气一样。对很多人来说，没有互联网的日子和没有水电一样可怕。我们可以用互联网处理大量事务：通过手机银行转账付款、在电商网站上购买家具、通过 App 点外卖、在知乎上向陌生网友求助职场问题等。

宠物食品订阅企业 BarkBox 的创始人马特·米克表示："BarkBox 这样的企业之所以能成功，主要因为如今人们对互联网商务更加信任了，过去我们只将信用卡信息交给那些可靠的大公司，如今，哪怕面对刚起步的创业公司，很多人也会留下自己的信息。"

We Are Social 和 Hootsuite 联合发布了 2019 年全球数字报告，如图 6-3-1 所示。报告显示，2019 年，全球人口为 76.76 亿人，其中手机用户有 51.12 亿人，互联网用户有 43.88 亿人，有 34.84 亿人活跃在社交媒体上，32.56 亿人在移动设备上使用社交媒体。

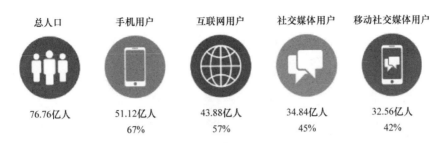

图 6-3-1　2019 年全球数字报告

　　根据 GlobalWebIndex 的报道，92% 的互联网用户每月都在线观看视频，这意味着全球有超过 40 亿人在 2019 年年初消费在线视频内容。全球有 18.18 亿互联网用户在互联网上购物，渗透率达到 37%，总价值达到 1.786 万亿美元。

　　根据中国互联网络信息中心（CNNIC）发布的第 43 次《中国互联网络发展状况统计报告》，截至 2018 年 12 月，我国网民规模为 8.2851 亿人，全年新增网民 5653 万人，互联网普及率达 59.6%，较 2017 年年底提升 3.8%。我国网民规模和互联网普及率如图 6-3-2 所示。

资料来源：CNNIC。

图 6-3-2　我国网民规模和互联网普及率

　　我国网民结构如图 6-3-3 所示。

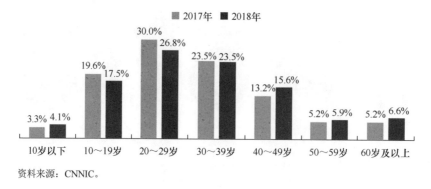

资料来源：CNNIC。

图 6-3-3 我国网民结构

我国网民以中青年群体为主，并持续向中高龄人群渗透。截至 2018 年 12 月，10～39 岁群体占整体网民的 67.8%，其中 20～29 岁年龄段的网民占比最高，达 26.8%；40～49 岁中年网民群体占比由 2017 年年底的 13.2%扩大至 15.6%，50 岁及以上的网民比例由 2017 年年底的 10.4%提升至 12.5%。

截至 2018 年 12 月，我国手机网民规模达 8.17 亿人，全年新增手机网民 6433 万人；网民中使用手机上网的比例由 2017 年年底的 97.5%提升至 2018 年年底的 98.6%。我国手机网民规模及占比如图 6-3-4 所示。

资料来源：CNNIC。

图 6-3-4 我国手机网民规模及占比

2018 年，我国网民的人均周上网时长为 27.6 小时，较 2017 年年底提高 0.6 小时。

2018 年，我国个人互联网应用保持良好发展势头。网上预约专车/快车的用户规模增速最高，年增长率达 40.9%；在线教育取得较快发展，用户规模年增长率达 29.7%；网上外卖、互联网理财、网上预约出租车和网络购物用户规模也取得高速增长；短视频应用迅速崛起，使用率高达 78.2%，2018 年下半年用户规模增长率达 9.1%。

国内网民已经习惯在网上看新闻、购物、玩游戏、学习、订酒店等，这为基于互联网的订阅经济的爆发提供了坚实基础。

6.3.2　微支付

全球从现金和支票到电子支付的过渡正在迅速发生。全球信用卡购买量预计将从 2013 年的 16 万亿美元增加到 2023 年的 49 万亿美元（复合年增长率为 12%）。

由于美国信用卡体系的完善和普及，美国居民对于绑定借记卡的移动支付并不习惯。2017 年，我国零售行业的移动支付渗透率已经达到 25%，而美国的这一渗透率仅为 7%。

我国第三方支付产业起步于 1999 年，早于银联清算系统的建立。随着互联网技术的发展和普及，网上银行的兴起使第三方支付得以迅速发展。2002 年，各大银行逐渐建立网络银行服务。随后，计算机的普及和网络购物的快速发展逐渐培养了人们线上支付的习惯，第三方支付市场开始兴起。2012 年，我国第三方支付行业出现新的发展趋势。随着 2013 年第七批第三方支付牌照的发放，国内传统互联网巨头也开始加入第三方支付行业。2013—2016 年，第三方支付交易规模的复合增长率达到 110.9%。到 2017 年，网络支付已经渗透到人们日常生活的各环节中，民生领域的线上支付环节也逐步打通。

近年来，我国第三方支付保持快速增长。在一二线城市中，移动支付等第三方支付渗透到生活的方方面面，如线上购物、商场消费、住宿服务、打车出行等。直观来看，第三方支付已经在大部分消费场景中有了充分的渗透。我国移动支付和互联网支付规模历史情况如图 6-3-5 所示。

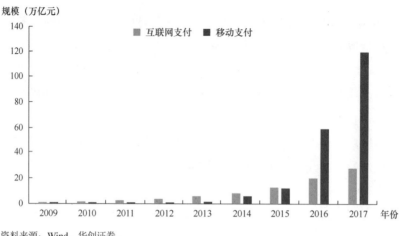

规模（万亿元）

资料来源：Wind、华创证券。

图 6-3-5　我国移动支付和互联网支付规模历史情况

截至 2018 年 12 月，我国网络支付用户规模达 6 亿人，较 2017 年年底增加 6930 万人，年增长率为 13.0%，使用率由 68.8%提升至 72.5%；手机支付用户规模达 5.83 亿人，年增长率为 10.7%，使用率由 70.0%提升至 71.4%；网民在线下消费时使用手机支付的比例由 65.5%提升至 67.2%。我国网络支付和手机支付用户规模及使用率如图 6-3-6 所示。

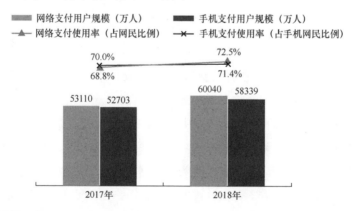

资料来源：CNNIC。

图 6-3-6　我国网络支付和手机支付用户规模及使用率

第三方支付包括多个方面，一般把在线金融、个人业务等也归类于第三方支付，且占相当大的比重。根据艾瑞咨询 2016 年第四季度的第三方支付相关数据，互联网支付包括互联网金融、个人业务、线上消费、其他业务，其中互联网金融（包括理财销售、网络借贷等）占 32.3%，为最大的组成部分；个人业务（包括转账业务、还款业务等）占 31.7%，占比也相当可观；线上消费（包括网络购物、O2O、航空旅行等）占 22.5%。

在移动支付方面，占比最大的为个人应用，占 68.10%，包括信用卡还款、各类转账、生活缴费等；移动消费的占比仅为 11.60%，包括电商、游戏、网约车、扫码支付等；移动金融的占比为 15.1%，包括货币基金等。

无现金支付是经济发展的趋势，随着银行卡、支票等的普及，欧美发达国家的无现金支付率进入较高阶段。在移动支付领域，我国领先于全球已成为共识，但是从更广泛的无现金支付（包括银行卡支付、支票支付、移动支付等）渗透率来看，我国相对于发达国家仍有较大的提升空间。

根据《2018 年全球支付报告》，2012—2016 年，全球无现金支付保持较快增长，复合增速为 9.8%。其中，发达国家的复合增速为 7.1%，发展中国家的复合增速为 16.5%，增速最快的为亚洲新兴市场，从 2012 年的 239 亿次增长至 2016 年的 706 亿次，复合增速为 31.1%。全球各地区无现金支付量如图 6-3-7 所示。

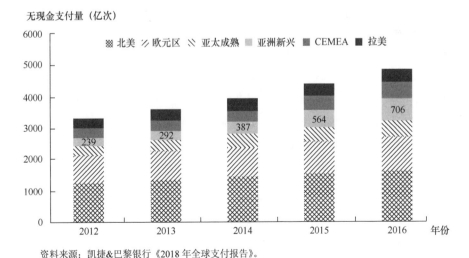

资料来源：凯捷&巴黎银行《2018 年全球支付报告》。

图 6-3-7　全球各地区无现金支付量

信用卡支付、移动支付等无现金支付方式都可以非常方便地用于网上支付，网民也习惯于在网上转账付款、购买产品等。交纳订阅费的流程和网上购物没有多大区别，因此，用户能自然而然地接受订阅服务，不过，订阅费一般金额较小，并且需要频繁自动支付，传统的支付系统处理起来比较烦琐且耗时耗力。在这种情况下，专注于订阅的微支付系统平台应运而生，典型代表就是祖睿。

祖睿从一个非常小的点切入，这个点就是帮助企业管理订阅——如何定价、用什么渠道支付、如何提升订阅率、如何避免流失率上升等。为订阅服务定价看似是件很容易的事情，但实际上这需要很强的专业能力。一方面，定价要能够覆盖订阅企业的成本；另一方面，定价要能够保证健康的客户增长率和低流失率。

祖睿看到了传统会计核算法存在的一个基本问题：传统会计核算法是为销售小部件和报备财政收入而设计的。订阅是一种完全不同的模式，它需要一种新的方式来跟踪收入并与客户进行沟通，订阅企业需要一个订阅记账系统。

祖睿提供基于云的软件，任何公司都可以使用这些软件并在任何行业内成功启动订阅业务或将其他业务转化为订阅业务。有了专门为订阅业务打造的微支付系统，订阅企业可以专注于订阅业务本身，而无须操心那些烦琐的支付流程。

6.3.3　大数据

舍恩伯格在《大数据时代》里总结了大数据的三个特征："不是随机样本，而是全体数据；不是精确性，而是混杂性；不是因果关系，而是相关关系。"这三个特征也是很多科普或新闻类文章惯常引用的。

（1）不是随机样本，而是全体数据。

过去，由于技术、经济、人力等多个层面的限制，我们在试图探索商业规律与用户喜好时，主要依靠抽样数据、片面数据，甚至有时只凭借经验、假设等做出基于自我判断的结论。这就导致很多时候人类对于客观事物发展规律的认知是肤浅的、表面的、错误的。

另外，在非大数据时代，在探索商业规律的时候，我们思维的出发点和探究的方法都是单维度、绝对化的。例如，过去我们在分析一类行业的发展前景时，考量重点只集中在供需、政策等与分析对象在传统经验意识上有较为明显的因果关系的方面。而如今，我们从大数据的角度分析，需要分析的对象更广、更杂、更全面，会包含一些看上去和我们的分析目的没有什么联系的"无关因素"。

通过大数据分析，有时我们可能无法马上理解和接受两种事物之间的关系，如男性顾客在买尿布时喜欢同时买啤酒，而咖啡的购买情况与信用卡或房贷情况有相关关系等。随着互联网技术的发展，我们获取数据更加便利，所获得的数据也更具时效性，来自互联网的各种数据都可以为我们所用。我们对某件事物的考察完全可以不使用抽样方式，而是直接覆盖全体对象，可以全方位、多维度地对其进行分析。我们既消除了小概率事件的不确定性，又能够在分析中发现更多的可能性和联系性。

这条特征的本质是，大数据的"量变"引发了人类研究和分析思路的"质变"。从目前人工智能领域的研究成果来看，基于大数据的深度学习简单算法要比基于小数据的机器学习复杂算法更有效，随着数据量的提升，我们获得的结论的准确度也逐渐提升。

（2）不是精确性，而是混杂性。

简单来说，任何数据都有不可信的部分，但是在大数据的前提下，每一个小数据的不准确性都得到了消减与稀释，变得不那么重要。例如，我们只发放100 份调查问卷，如果里面有 5 个人胡乱作答，那就有足够的可能性干扰最后的判断；但相对地，如果我们发放了 50 万份调查问卷，那么即使有 100 个人胡乱作答，也不会对最终结果有太大影响。

大数据有时看上去是毫无规律的，特征之间没有明确的相关意义，但我们将看似无关的维度进行捆绑，对不同维度的信息进行挖掘、加工和整理，就能够获得有价值的统计规律。此时，数据的混杂性反而成为大数据的优势，通过对不同维度的数据进行分析，数据之间的关联性得到极大增强，我们也因此能够获得更多新的规律。

（3）不是因果关系，而是相关关系。

因果关系是最直接的逻辑联系，但因果关系和相关关系在本质上并没有什么区别，所谓"相关关系只是还没有被理解的、复杂的因果关系"。因果律是最基本、最直观的逻辑规律，但是由于传统思路的限制，大多数人对因果律采用的都是"黑白"理解：绝大多数时候提到因果关系，其实都是在说"单因果关系"，但是现实情况中的因果关系通常都是"多因果关系"。我们无法简单地观测和描绘这种复杂的、非线性的因果关系，故而将这种因果关系称为"相关关系"。

大数据提倡关注相关关系，关注平行存在而非垂直引导，这并不是对"因果"的否定，而是对客观世界的现象进行更平实的概括。同时也是站在一个更实用的立场上，专注于具体问题的解决或做出更优的决策。假如我们发现某种奇异甚至无厘头的方式可以有效拉动效益增长，那么对一家企业来说，放在第一位的是先行尝试，甚至规模性地复制这种做法，放在第二位的才是探究这种方式为什么会产生意想不到的效果。大数据代表了另一种角度的黑猫白猫论，结论的实用性才是最重要的，绝对真理的因果关系交给专家或未来的人去探究。

总结一下就是，大数据就是一种体量很大的数据集，人类数据处理能力的提升、量与经验的累积、分析方法的发展、思维的转变等是"大数据"中"大"字的精髓。

订阅经济之所以有别于传统订阅模式，在很大程度上是因为其基于数字化运营，业务数据背后有大数据的支撑，如大数据可以帮助订阅企业在用户获取和用户留存方面进行有效提升。大数据在订阅经济中的应用如图6-3-8所示。

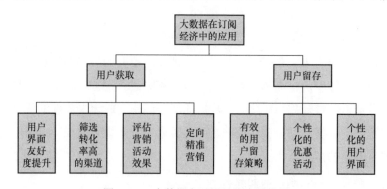

图 6-3-8　大数据在订阅经济中的应用

服装订阅企业 Stitch Fix 就是利用大数据快速发展起来的一个典型案例。

Stitch Fix 创立于 2011 年，总部在美国旧金山。Stitch Fix 的制胜之道是其商业模型采用了前所未有的数据科学，除了推荐系统，还有基于人的计算建模、资源管理、库存管理、算法化时尚设计等，充分利用了大数据。

许多人都有选择困难症，买衣服就是选择困难的场景之一。Stitch Fix 创始人 Katrina Lake 结合自己的专业背景，组织了一群数据科学家、IT 工程师、时尚造型师和零售业精英，创办了 Stitch Fix，为大众寻找自己喜欢的服饰。

那么，Stitch Fix 如何解决消费群体的不确定性需求问题？如何管理仓库的进货和出货？如何匹配合适的造型师来给消费者提供搭配意见？

根据 Stitch Fix 前数据科学主管王建强在 51CTO 上公开分享的《数据驱动的产品决策和智能化》，Stitch Fix 进行了数据与产品、数据与人、数据和团队的深度结合。

（1）数据与产品的结合。

Stitch Fix 所有的销售都来源于推荐，由于采用盲盒模式，用户在收到商品之前是没有看过的，这就意味着造型师需要猜测用户会喜欢哪些衣服。一旦猜错，消耗的是造型师服务和双向物流这些"真金白银"的成本，所以对准确度的要求非常高。

从普通用户的角度来看，Stitch Fix 产品流程如图 6-3-9 所示。

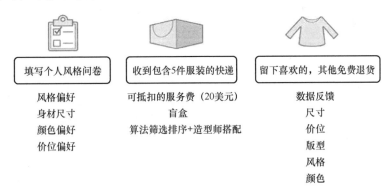

图 6-3-9 Stitch Fix 产品流程

用户在填写个人风格问卷后，会收到搭配好的 5 件服装，在试穿后留下自己喜欢的服装，免费退回其他不喜欢的。Stitch Fix 鼓励用户对每一件服装从尺寸、价位、版型、风格和颜色等维度进行反馈，这些数据有助于数据科学团队更好地了解用户与服装的匹配情况。

数据科学已经渗透到产品的方方面面，如仓库分配、用户与造型师的匹配、用户画像、人货匹配、库存管理等环节。

- 例一：仓库分配

当有用户请求发出时，商家需要决定从哪一个仓库为用户发货。选仓发货需要综合考虑多种因素，包括运费、投运时间、与用户风格的匹配情况等，基于这些因素建立仓库和用户之间的匹配度指标。

- 例二：用户与造型师的匹配

当用户发出请求时，依据用户和造型师之间的历史匹配情况、用户打分等进行匹配。

- 例三：用户画像

Stitch Fix 用户画像既服务算法，也服务造型师，故需要可解释、易懂的用户画像，如图 6-3-10 所示。

- 服务算法和造型师
- 年龄、地理位置、职业、身材尺寸、颜色和价格偏好
- Pinterest种草→Embedding
- 风格画像

    经典、浪漫、波西米亚风、
    前卫、闪亮、休闲、Preppy Look

- 隐式尺寸、Latent Price、Latent Style

图 6-3-10　Stitch Fix 用户画像

用户画像中的大部分信息来源于用户填写的个人风格问卷，其中包括基础的维度画像。

在确定用户风格方面，Stitch Fix 把穿搭的风格分为七个维度：经典、浪漫、波希米亚风、前卫、闪亮、休闲、Preppy Look，在每个维度上进行 1～4 分的打分，基于用户打分可以大致确定用户的穿搭风格。

- 例四：人货匹配

这里主要分析数据和模型两个层面。数据层面有用户画像、商品 ID、商品泛化特征（图像、标签）及多维度的反馈，数据挑战样本不均衡、数据回流带来误差、特征和反馈数据缺失、折扣带来偏差等；模型层面（2016 年）有混合效应模型、Factorization Machine、DNN、Word2vec、LDA 等。

- 例五：库存管理

在库存管理方面，需要解决的问题很多，如有哪些货、要进哪些货、进多少货、分配到哪个仓及哪些库存需要清仓等，这些问题看似简单，但在 Stitch Fix 这里就比较特殊，因为其库存商品仅占所有商品的 40% 左右，有大量商品在用户寄回仓库的路上或从仓库寄给用户的路上，这就需要利用仿真与库存快照来解决问题，如图 6-3-11 所示。

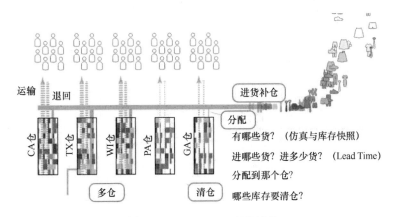

图 6-3-11 Stitch Fix 库存管理

（2）数据与人的结合。

Stitch Fix 通过算法和造型师的结合向用户推荐搭配，这可视为一个人机耦合系统。

在这个人机耦合系统中，造型师作为"人"的角色，对非结构化数据进行处理，如图 6-3-12 所示。

这种人机协同的方式，不纯粹依靠机器算法，也不纯粹依靠人工。机器可以承担更多繁重的重复性计算工作，还拥有大量的工作记忆、长期记忆；而人可以更好地处理非结构化数据，可以进行美学评估，也可以跟客户建立良好的人际关系并进行情境感知。

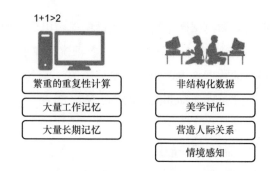

图 6-3-12　Stitch Fix 的人机耦合系统

（3）数据和团队的结合。

Stitch Fix 数据科学团队主要分为四部分，底层是数据开发团队，搭建数据平台、数据仓库，以及提供部署工具。上面三个团队是与业务一一对应的，分别是客户团队、推荐团队、库存团队，如图 6-3-13 所示。

图 6-3-13　Stitch Fix 的数据科学团队

Stitch Fix 通过线上个性化推荐机制，帮助用户做出更适合自己的购物选择，成为一个由数据和算法驱动的新型服装分销商，这也充分体现了大数据对订阅经济的推动作用。

6.3.4　人工智能

人工智能的概念在很早之前就出现了，但近些年才开始有大规模的落地应用。人工智能的发展大致经历了三个重要阶段。

（1）1950—1970 年：人工智能的"逻辑推理"时代。

（2）1970—1990 年：人工智能的"知识工程"时代。

（3）2000 年至今：人工智能的"数据挖掘"时代。

公众对人工智能最深刻的印象可能是 AlphaGo 和李世石的比赛，AlphaGo 的获胜使公众初步认识到人工智能的"威力"。而在订阅经济中，人工智能技术可以帮助订阅企业高效地直接匹配需求端和供给端，从根本上改变传统的匹配模式。我们以奈飞为例进行分析。

奈飞作为一家在线流媒体订阅服务提供商，可以从多维度获得用户的行为数据，如用户观看了什么视频、如何观看视频（包括使用的设备、观看时间、观看频率、观看时长等）、通过何种方式发现视频，以及哪些视频已推荐给用户但未被点播等。

基于这些用户数据，奈飞利用人工智能技术开发了一套精准的推荐系统。奈飞的推荐系统使用了多种推荐算法，其中最核心的是个性化视频排序（PVR）算法和 Top-N 视频排序算法。

PVR 算法进行基于影片类型的推荐，为每个用户量身推荐不同类型的影片，并根据用户喜好对整个类型目录进行排序；而 Top-N 算法的核心目标是从类型目录中找出用户最可能选择的影片。

此外，奈飞还采用了基于平台用户短期动态观看趋势的趋势排序算法、基于个体用户续播和续集观看习惯的继续观看排序算法、基于观看历史的相似视频推荐算法，在推荐页面生成、搜索体验等方面还应用了页面生成选择排序算法、推荐理由选择算法和搜索推荐算法等。

奈飞利用不断发展的人工智能技术持续改进推荐算法，将用户与他们可能感兴趣的内容相匹配，不断提升用户体验。

6.3.5　云计算

行业比较认可的云计算定义是由美国国家标准与技术研究院（NIST）于 2011 年 9 月发布的，其指出，"云计算是一种模型，用于实现对可配置计算资源（如网络、服务器、存储、应用程序和服务）的共享池的无处不在的、方便的按需网络访问，这些资源可以通过最少的管理工作快速配置和发布，或者与服务提供者互动。"云计算的五个基本特征如下。

（1）资源池。绝大多数云计算企业已经进行了一种或多种形式的虚拟化，最常见的是服务器虚拟化。虽然服务器虚拟化包含在 NIST 的资源池中，但它只是 NIST 标准定义的一小部分。除计算资源外，NIST 对云计算的定义还包括 IT 所有其他组件的虚拟化，包括存储和网络。NIST 定义还假设所有资源都使用多客户模型进行池化，根据消费者需求动态分配和重新分配不同的物理和虚拟资源。在当今的环境中，这些池化资源通常通过 API 访问。

（2）广泛的网络访问。仅从 NIST 的定义来看，这个特征意味着资源池对所有人都是可用的，与用户的设备无关——不管用户的设备是智能手机、平板电脑、笔记本电脑还是工作站。

（3）按需自助服务。根据用户需要，每个服务提供商可以单方面地向用户提供计算能力，这是自动进行而无须干涉的。

（4）快速弹性扩展或膨胀。这一基本特性意味着云计算的功能可以弹性地供应和释放，在大多数情况下这是自动进行的，以快速地按需向外和向内扩展。

（5）测量服务。云系统自动控制和优化资源使用，通过在某种抽象级别上利用与服务类型相匹配的计量功能，可以监视、控制和报告资源使用情况。

1999 年，Salesforce 成为云领域的首批主要推动者之一，开创了通过互联网向终端用户提供企业级应用程序的概念。任何接入互联网的用户都可以访问该应用程序，公司也可以按需销售该服务。

在 Salesforce 将这一新概念引入全球市场后不久，亚马逊在 2002 年推出了基于网络的零售服务，从而使自己成功挺过第一次互联网泡沫的破灭危机。亚马逊是第一个对数据中心进行现代化改造的企业，在数据中心只使用约 10%容量的情况下，亚马逊就已经意识到，新的云计算基础设施模型可以让他们以更高的效率使用现有能力。

2006 年，亚马逊推出了弹性计算云（EC2），这是一种商业 Web 服务，允许小公司和个人通过租用电脑来运行自己的应用程序。为了让开发人员更容易地进行 Web 级计算，EC2 首次在商业上完全控制了所有计算资源。随后，谷歌、微软等互联网科技巨头纷纷推出云计算服务。

在云计算的支持下，订阅企业能够以低成本起步，按需为客户提供服务，根据订阅用户的需求灵活调整订阅服务的规模，声田、奈飞等一大批订阅企业的服务都是搭建在云计算平台上的。

另外，在云计算的发展趋势下，大量软件企业纷纷从基于许可证的本地软件模式转向云计算订阅模式，如 Oracle、SAP、Adobe、Autodesk 和微软等。SaaS（Software as a Service，软件即服务）是一种典型的云计算应用，它是一种通过互联网提供软件的模式，用户无须购买软件，通过向提供商租用基于 Web 的软件来管理企业经营活动。SaaS 企业大多采用订阅模式。

传统软件的交付，最简单的就是采用单机软件的形式，即在每个用户的电脑上安装一套应用程序，程序运行、数据存储等都在本地进行。在 SaaS 模式中，应用程序运行在云端，在大多情况下直接基于 Web 进行交付，无须在本地进行安装与部署，并且可以同时向多租户提供服务。传统软件企业的收费模式是一次性收取许可费用，后续收取维护服务费；SaaS 企业的收费模式为订阅模式，客户按需支付年费。

SaaS 将数据库、服务器、存储、网络、运维等功能整合到订阅服务中，向用户提供一体化的 IT 服务，用户不再需要单独购买基础软硬件。SaaS 的优点如图 6-3-14 所示。

资料来源：华金证券研究所。

图 6-3-14　SaaS 的优点

Salesforce 于 1999 年 3 月成立，是一家客户关系管理（CRM）软件服务提供商，允许客户与独立软件供应商在定制并整合其产品的同时建立各自所需的应用软件。2004 年，Salesforce 在纽交所上市，自上市以来进行了多次战略并购，完成了云转型技术突破，成功由传统桌面型 CRM 转型到云端 CRM，并覆盖 SaaS 和 PaaS（Platform as a Service，平面即服务）服务，同时引入人工智能和大数据，实现了 CRM 全产业生态链的搭建与完善。Salesforce 发展历程如图 6-3-15 所示。

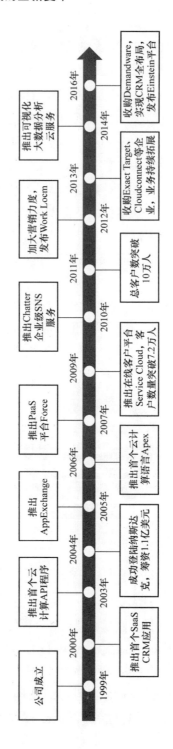

图 6-3-15　Salesforce 发展历程

自成立以来，Salesforce 的销售收入复合增速超过 30%，公司的收入包括订阅收入和服务收入。订阅收入是公司的主要收入，占总收入的 90%以上；服务收入包括项目实施、管理及培训等其他收入。净利润一直保持低位，这是由 SaaS 的盈利模式和为追求收入而采取的激进销售策略导致的，折旧摊销费用和股票报酬费用对净利润影响较大。公司经营现金流保持稳健增长。Salesforce 营业收入情况如 6-3-16 所示。

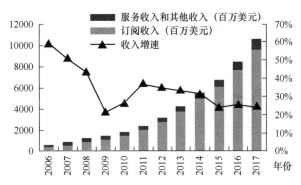

资料来源：Wind、华金证券研究所。

图 6-3-16　Salesforce 营业收入情况

Salesforce 从 CRM 开始，积极拓展客服云和营销云，打造企业平台社区。近年来，公司加大对存量用户的价值挖掘，促使用户向更高的版本升级，加大用户对产品的依赖性。

Salesforce 作为全球最大的 SaaS 企业，在商业模式上，充分利用云计算，搭建了异于传统授权模式的订阅模式，极大降低了客户的负担和成本，给企业客户提供了高度的灵活性，从而获取了用户数量和收入的飞速增长。

第 **7** 章

透视订阅经济

7.1 订阅企业分类

订阅模式是一个大筐，里面还有很多细分类型，通过分类分析可以对其有更深入的了解。

7.1.1 按照客户类型

有的订阅企业是面向个人的（如 Dollar Shave Club），有的订阅企业是面向企业、政府等机构的（如祖睿），还有的订阅企业是两者兼而有之的（如 Adobe）。

在北欧，65%的订阅企业是 B2B 类型，25%的订阅企业是 B2C 类型，其他则是混合类型。

7.1.2 按照产品类型

订阅企业的产品可以划分为虚拟数字产品、服务、实体产品三类。视频流媒体、音乐流媒体、Saas 软件、云服务等数字产品非常适合线上分发，采用按需订阅模式。健身、培训、课程、外卖等订阅服务具有不可转让性。实体产品的订阅又称为订阅盒子。

实体产品的订阅有 3 种方式。

（1）相同产品，持续订购。例如，小明非常喜欢向日葵，于是在某鲜花订阅平台上下单一个月的向日葵，平台每周为他寄送一束向日葵。

（2）不同产品，按喜好订购。例如，小明在鲜花订阅平台上支付一个月的订阅费用，小明亲自挑选花束，平台每周为其配送相应花束。

（3）由平台随机寄送产品。例如，小明在鲜花订阅平台上支付一个月的鲜花费用，平台每周为其配送随机花束。

根据麦肯锡 2018 年的报告，订阅盒子在 2011—2016 年经历了爆炸式增长，平均每年的增长率约为 100%。

7.1.3 按照垂直细分行业

在不同的垂直细分行业中，都有订阅企业的存在。部分垂直细分行业的订阅企业如表 7-1-1 所示。

表 7-1-1 部分垂直细分行业的订阅企业

行　业	订阅企业举例
蜡烛	Amina Ahmed
肉类	ButcherBox
影视	Motor Trend
音乐	Rdio
游戏	GameFly
图书	McGraw Hill
生活用品	Dollar Shave Club
女装	FabFitFun
宠物	The Farmer's Dog
男装	垂衣
酒类	Vinebox
婴童	Bitsbox
袜子	男人袜
零食	Graze
金融	嘉信理财
健身	Peloton
鲜花	花加、花点时间
法律	LegalZoom
能源	SolarCity
文具	Nicely Noted

7.2　订阅业务类型

根据运营特征，订阅企业主要有 6 种业务模型。不同的模型适用于不同的行业和业务场景。对创业者来说，核心是找到与自己业务相匹配的模型。

7.2.1　知识付费

罗辑思维的得到 App 首创"付费订阅专栏"，音频平台喜马拉雅 FM、科技媒体 36 氪、读书网站豆瓣及一些名人微信公号也相继推出了付费订阅专栏。"5 分钟商学院""李翔商业内参""薛兆丰的北大经济学课""白先勇细说红楼梦""每天听见吴晓波"等专栏逐渐被大众熟知。优秀的付费订阅专栏每年能创造 1000 万～2000 万元的订阅费收入。

知识付费是互联网上传媒、出版、教育等交叉融合形成的"新物种"，这类互联网知识产品正在改变大众从书中获得知识的方式。音频形式的图书解读和培训课程渐受关注，得到、喜马拉雅、樊登读书会、知乎、在行、十点读书、有书等借势迅速发展。

虽然多数从业者更愿意自称为"知识服务"，但大众与媒体很自然地把这个新领域称为"知识付费"，明确定位为"为知识付费"。

全年专栏、小专栏、讲座课程、线上训练营、个人社区等各种互联网知识产品正在结合订阅模式，将包括读书在内的传统线下学习方式用新技术、新模式转移到线上。

国外有很多小众领域的订阅网站，如为木工爱好者提供木工技巧订阅服务的木语者协会、提供意大利旅游攻略的意大利之梦、告诉厨师如何打造一家餐馆的 Restaurant Owner、教水管工和电气工创建公司的 Contractor Selling 等。

7.2.2　海量内容库

奈飞、声田拥有海量的影视和音乐内容，其付费订阅会员拥有无限的访问权，可以在平台上看任何电影和听任何歌曲。

随着奈飞的成功，图书订阅网站 Oyster、游戏订阅平台 Gamefly 等纷纷出现，各类领域不断出现提供运营内容库的订阅服务。

2014 年，亚马逊正式推出电子书订阅服务 Kindle Unlimited。用户每月只需支付 9.99 美元，便可随意阅读亚马逊上多达 60 万部的电子书及将近 2000 本的有声书籍，该订阅服务适用于所有 Kindle 设备及 iOS 版和 Android 版的 Kindle 应用。

7.2.3　优先权

一些订阅企业向订阅会员提供产品折扣及 VIP 特权，JustFab 和 NatureBox 是典型的例子。

JustFab 成立于 2010 年，总部位于加州。JustFab 最有名的是其服装按月订阅服务。网站所有商品面向订阅会员的零售价格为 39.95 美元，而非会员用户则须以 49～79 美元的价格购买商品。订阅会员每月的最低消费为 39.95 美元。

NatureBox 提供零食订阅服务，其目的是帮助消费者发现好吃的零食并提供健康的饮食方案。NatureBox 每月都会挑选 5 种不同的零食，将它们装到可回收的点心盒子里并寄送给订阅者。这些零食中的一部分来自本地种植者，另一部分来自独有的食品供应商。NatureBox 的订阅费为 19.95 美元/月。

7.2.4　周期性消耗品

Dollar Shave Club 为订阅用户提供稳定的剃须刀供应，其对于消费者的价值主要在于节省时间和金钱。日常生活中我们经常使用的物品，如牙膏、洗衣液、洗浴用品等都属于周期性消耗品，都可采用 Dollar Shave Club 的订阅模式。

亚马逊的"订阅并保存"服务也是一个典型的针对周期性消耗品的订阅服务，亚马逊会根据用户的用量定期送货上门，顾客以优惠价定期收到日常用品，既省钱又省事。亚马逊以此获得了大量的长期顾客，可见这种订购服务的受欢迎程度是很高的。

7.2.5　精选盒子

精选订阅就是根据消费者个人喜好提供个性化商品，通过提供服装、美容和食品等类别的新产品或高度个性化的产品来为消费者带来惊喜和好的用户体验。例如，BirchBox 为订阅者提供五种精选的美容产品，蓝围裙为订阅者提供菜谱和相应食材。

个性化体验是用户订阅精选盒子的最重要原因。

7.2.6　样品盲盒

商家挑选一些他们认为用户会喜欢的商品的小样寄给用户，因为用户不知道会收到什么商品，所以这种模式称为"样品盲盒"。BirchBox 率先尝试了这种模式，用户每月支付 10 美元就可以收到一个订阅盒子，包含 4~5 种 BirchBox 精心为用户挑选的高档化妆品和生活用品。

采用这种模式的公司还有 Blissmo、Foodzie、Club W、Citrus Lane 等。样品盲盒有助于品牌商吸引新顾客，顾客也可以收获新鲜且与众不同的购物体验。可持续性是这种订阅模式最关键的要素，一些供应商如果产品供应量有限，则不能采取这种模式，对他们来说，多样性是实现持续增长的关键。

中　篇

洞见：变革正在发生

第 8 章

产品转向服务

自工业革命以来，一直是产品主导市场。企业拼命扩大规模，生产大量产品，然后销售出去。这时，人们的主要需求是电视、冰箱、汽车等有形产品。

在进入信息化时代后，人们的需求开始发生转变。中产阶级越来越多，家庭越来越富裕，电视、冰箱、汽车等很多产品几乎每家都有。人们需要丰富多彩的影视内容，于是奈飞崛起了，其市值远超电视机生产商；人们想要方便快速地到达目的地，于是优步和滴滴"起飞"了。

产品经济开始转向服务经济。

8.1　服务经济到来

2018 年，美国第三工业增加值高达 165147.47 亿美元（比我国当年的 GDP 总量还多），约占其 GDP 总量的 80.6%。

根据商务部的数据，2018 年，我国服务业的 GDP 比重已经达到了 52.2%，服务业成为名副其实的第一大产业和经济增长的主要驱动力。

当前，全球已经进入服务经济时代，服务业成为世界经济的一个重要增长极。随着数字经济的广泛普及，数字技术迅速发展，制造业与服务业深度融合，服务的可贸易性也大幅增强，服务外包化、数字化趋势越来越明显，服务贸易面临前所未有的发展机遇。同时，我国也在加速向服务经济转型。

在改革开放前,我国社会主义经济建设的首要任务是发展工业,特别是重工业,服务业处于辅助和从属地位,对经济增长的贡献率较低。1978 年年底,服务业对当年 GDP 的贡献率仅为 28.4%,低于第二产业 33.4 个百分点。

在改革开放后,随着工业化、城镇化的快速推进,企业、居民、政府等对服务业的需求日益旺盛,服务业对经济增长的贡献率不断提升。1978—2018年,服务业对 GDP 的贡献率提升了 31.3 个百分点。自党的十八大以来,服务业对 GDP 的贡献率呈现加速上升趋势,2012—2018 年,提高了 14.7 个百分点;2018 年,服务业对 GDP 的贡献率达到 59.7%,高出第二产业 23.6 个百分点。

2018 年年底,服务业就业人员达到 35938 万人,比重达到 46.3%,成为我国吸纳就业最多的产业。在外商直接投资额中,2005 年,服务业仅占 24.7%;2011 年,这一比例已经超过 50%;2018 年,占比达到 68.1%,服务业已经成为外商投资的首选领域。

2018 年,广东省、江苏省、山东省、浙江省、北京市、上海市的服务业增加值居全国前 6 位,占全国服务业增加值的比重接近 50%。其中,北京市、上海市服务业增加值占地区生产总值的比重分别为 81% 和 69.9%,接近发达国家水平。

服务经济成为冉冉升起的新星,吸引很多企业和人才投入其中。与此同时,制造业在 GDP 中的比重越来越低,从业人数越来越少。

工业革命导致经济结构和就业模式发生了巨大变化。由于生产率的持续大幅提升,虽然目前只有 2%(1820 年的这一比例为 70%)的美国人从事农业工作,但产量远超之前。现在,制造业也出现了类似的生产力发展,更少的人能生产出更多的产品。

8.2　一切皆服务

8.2.1　什么是 XaaS

XaaS 即"一切皆服务",代表"X as a Service""Everything as a Service",

是指将任何东西作为服务交付。常见的 XaaS 有 Saas、Paas 和 Iaas。IT 环境逻辑分层如图 8-2-1 所示。

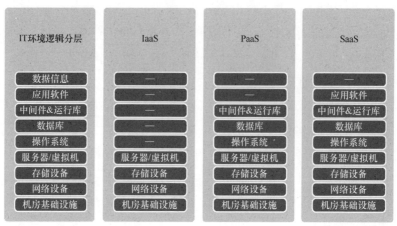

图 8-2-1　IT 环境逻辑分层

SaaS 是"软件即服务"（Software as a Service），是一种通过互联网提供软件的模式，如印象笔记、销售易、Microsoft Office 365 等。厂商将应用软件统一部署在自己的服务器上，客户可以根据自身实际需求，通过互联网向厂商购买所需的应用软件服务，按实际购买情况向厂商支付费用，并通过互联网享受厂商提供的服务。用户购买基于网络的软件，不需要将软件安装在自己的电脑上，也无须对软件进行定期的维护与管理，服务提供商全权负责这些工作。

PaaS 是"平台即服务"（Platform as a Service），如 Amazon Web Services（AWS）的 Elastic Beanstalk、谷歌的 AppEngine、Apache Stratos，通常为应用程序开发和测试提供预配置的虚拟机（VM）和其他资源。PaaS 能为企业提供定制化研发的中间件平台，同时涵盖数据库和应用服务器等。PaaS 实际上是将软件研发的平台作为一种服务，以 SaaS 的模式提交给用户。因此，PaaS 也可看作 SaaS 的一种应用，PaaS 的出现可以推动 SaaS 的发展，尤其是加快 SaaS 应用的开发速度。

IaaS 是"基础设施即服务"（Infrastructure as a Service），允许组织部署和

配置托管在供应商数据中心中的虚拟机，并远程管理这些虚拟机，如 Microsoft Azure、Google Compute Engine、AWS Elastic Compute Cloud。用户可以利用所有云计算基础设施，包括 CPU、内存、存储、网络和其他基本的计算资源，能够部署和运行任意软件，包括操作系统和应用程序。用户不管理或控制任何云计算基础设施，但可以获得对部分网络组件（如路由器、防火墙、负载均衡器等）的控制权限。

此外，还有 CaaS、SECaaS、DaaS、MaaS、BaaS 等"一切即服务"。各类 XaaS 如表 8-2-1 所示。

表 8-2-1　各类 XaaS

行　业	XaaS	主要提供者
应用	软件即服务（SaaS）	Adobe、ADP、AWS、Atlassian、Cisco、Akamai、DocuSign、Dropbox
应用开发	平台即服务（PaaS）	Appian、Betty Blocks、Caspio、Fujitsu、Kintone、Mendix、Oracle、OutSystems、QuickBase、Salesforce
IT 基础设施	基础设施即服务（IaaS）	阿里云、AWS、CenturyLink、富士通、谷歌、IBM、Interoute、Joyent
联网	软件定义网络（SDN）	AWS、Cisco、谷歌、Juniper、微软、Nuage Networks、VMware
存储	存储即服务（STaaS）	阿里云、AWS、谷歌、IBM（Bluemix）、微软、Oracle、腾讯、Rackspace、Virtustream
集装箱	容器即服务（CaaS）	AWS、谷歌、IBM、Joyent、Rackspace
功能	功能即服务（FaaS）	AWS、谷歌、IBM、微软
台式电脑	台式电脑即服务（DaaS）	Adapt、AWS、Citrix、戴尔、dinCloud、Dizzion、Evolve IP、NaviSite、NuveStack、VMware
安全	安全即服务（SECaaS）	AT&T、Atos、BAE Systems、BT、CenturyLink、CSC、HCL Technologies、HPE、IBM
数据库	数据库平台即服务（DBPaaS）	Aiiria、Altiscale、AWS、BlobCity、Cazena、CenturyLink、Citus、ClearDBLabs、Salesforce、SAP、Snowflake、Teradata、Tesora、Tieto
灾难恢复	灾难恢复即服务（DRaaS）	Acronis、Axcient、Bluelock、C&W Business、Carbonite、CloudHPT、Daisy
云服务集成	集成平台即服务（IPaaS）	Actian、Adaptris、Attunity、Built.io、Celigo、DBSync、Dell Boomi、富士通、IBM

（续表）

行　　业	XaaS	主要提供者
人力资源	人力资源即服务（HRaaS）	ADP、Ceridian、Infor、Kronos、Meta4、Oracle、Ramco Systems、SAP
金融	核心财务管理（CFM）	Acumatica、Deltek、Epicor Software、FinancialForce、Intacct、微软
客户参与	客户关系管理（CRM）	BPMOnline、CRMNEXT、eGain、Eptica、Freshdesk、Lithium、微软
视频	视频即服务（VaaS）	Adobe、Avaya、Applied Global Technologies、AVI-SPL、Blue Jeans、Cisco、Eagle Eye Networks、华为
统一通信	统一通信即服务（UCaaS）	8X8、AT&T、BroadSoft、BT、谷歌、Fuze、Masergy、微软、Mitel
人工智能	人工智能即服务（AIaaS）	AWS、Datoin、谷歌、IBM（Bluemix/Watson）、微软、Noodle.ai、NvidiaGPU Cloud、ServiceNow
认证	身份即服务（IDaaS）	Auth0、StromPath、九州云腾
数据分析	分析即服务（AaaS）	衡石分析平台
操作系统	Windows 即服务（WaaS）	微软
政府	国家即服务（CaaS）	爱沙尼亚

在表 8-2-1 的内容中，最有趣的应该是爱沙尼亚的"国家即服务"了。爱沙尼亚 99% 的公共服务可以通过网络远程实现，这和我国的电子政务不同。在我国的电子政务中，只有材料申报、数据查询等流程在网上进行，最后一步的盖章还是要到相关部门实地操作的。而在爱沙尼亚，所有的操作都可以在网上进行。

爱沙尼亚提出了完整的数字建国计划——Estonia，逐步把爱沙尼亚所有的公共服务全部搬到数字空间中：2000 年，数字报税；2001 年，人口统计和 x-road；2002 年，数字 ID 卡（数字身份证）；2003 年，数字土地登记（将全国土地数字化）；2004 年，数字交易记录登记（如学历登记）；2005 年，数字投票（包括选议员、选总统）；2008 年，数字健康；2010 年，数字门诊、数字挂号；2011 年，数字电网；2012 年，数字充电；2014 年，数字大使馆；2015 年，数字发票和数字相关凭证；2017 年，银行开户（任何人都可以通过数字公民计划在爱沙尼亚开设银行账户）。爱沙尼亚已经开放了在数字方面的基础建设，获得审批使用这些数字资源的人称为"数字公民"。

爱沙尼亚最先提出将一个国家当作一个平台，作为基础设施全面开放，将认证、数签名等作为一项服务，向全世界的创业者和公司输出，如图 8-2-2 所示。

图 8-2-2 爱沙尼亚"国家即服务"的开放接口

各行业的 XaaS 正在以惊人的速度快速发展，因为它高度灵活，企业和个人可以按需使用，从而大大降低成本。在这个"一切即服务"的新世界中，企业可以定制自己的环境，以更好地适应不断变化的员工和客户需求。

XaaS 模型具有以下优势：

（1）具有高度的灵活性和可扩展性；

（2）能够简化流程，从而加快实施速度和减少维护需求，显著节省成本；

（3）能够轻松访问各种最新技术；

（4）能够加快产品上市速度，企业可以在几周内推出新产品。

XaaS 带来了商业模式的变革，推动软件、汽车、电脑等行业从产品向服务转型。传统产品企业的收费模式是一次性收费，XaaS 企业的收费采用订阅模式，客户按需支付费用。在此背景下，客户转移成本降低，订阅模式驱动企业从过去以"拓展新客户"为重心的模式向"拓展新客户+提升老客户黏性"的模式转变。企业逐渐从产品型转为服务型，不断提升用户体验以保持高水平的客户留存率成为竞争的重点方向。

8.2.2 SaaS 代表：Salesforce

Salesforce 是客户关系管理（CRM）软件的全球领导者，于 2000 年首推 CRM 革新理念，其创新式云平台已成为世界首屈一指的 CRM 解决方案。Salesforce 的核心任务是通过云、移动技术、社交媒体、物联网和人工智能技术，以全新的方式让企业与客户建立联系。

自成立起，Salesforce 就高举 No Software 大旗，向微软、Siebel、Oracle

和 SAP 等行业巨头叫板，并通过一系列品牌与市场活动，成功宣传了自身的定位（SaaS 和 SFA 行业的先行者）和理念（No Software）。

Salesforce 早期的成功主要得益于以下几点。

（1）简单、流畅的 CRM 软件。

公司开发的 CRM 软件是通过云端提供的 SaaS 产品，云端运行的方式让 CRM 软件更易于使用。

（2）病毒式的分发传播渠道。

根据 Salesforce 的营销策略，任何一家企业的前五名用户都可以免费使用 CRM 工具，团队成员在试用这款产品后，可以让更多的成员使用，这帮助 Salesforce 实现了较高的资本效率。

（3）按年收费的销售模式。

Salesforce 与客户按年签订合同，客户需要提前付费。客户在按年订阅的方案中，可以享受非常具有吸引力的折扣。

传统软件模式与 Saas 模式的区别如图 8-2-3 所示。

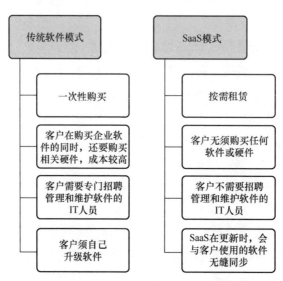

资料来源：36 氪、华创证券。

图 8-2-3　传统软件模式与 Saas 模式的区别

根据市场研究机构 Synergy Research 2018 年的统计，微软在 SaaS 服务供应商中排名第一，Salesforce 位居第二，Adobe、Oracle 和 SAP 紧随其后。其中，在 CRM 这一细分领域，Salesforce 稳居霸主地位。

8.2.3　HaaS 代表：Nest

智能家居品牌 Nest 由智能家居公司 Nest Labs 于 2011 年创立。2014 年，谷歌以 32 亿美元收购 Nest。Nest 的主要产品有联网的智能恒温器、智能烟雾探测器、Nest Cam 摄像头、Hello 智能门铃等。Nest 是 HaaS（Hardware as a Service，硬件即服务）的典型代表。

以摄像头为例，Nest Cam 由摄像装置和托架两部分组成。由于底托有吸铁功能，所以用户既可以把它平放在桌面上，也可以把它吸附在冰箱上，不会占用额外的空间。它的功能也非常丰富，包括实时监测、异常报警、夜视和语音对讲等。

为了更好地服务用户，Nest 推出了订阅服务。

Nest Aware 是 Nest 为 Nest Cam 用户提供的订阅服务，允许用户将录制的视频存储在云中长达 30 天，同时还有其他功能。用户可免费试用 30 天，之后如果想继续使用，则须付费。

Nest Aware 有两个不同的订阅包供用户选择，二者唯一的区别是视频在云中存储的时间不同。一个方案的视频保存时间为 10 天，费用为 10 美元/月或 100 美元/年，额外的 Nest Cam 费用为 5 美元/月或 50 美元/年。另一个方案允许用户存储长达 30 天的视频录像，费用为 30 美元/月或 300 美元/年，额外的 Nest Cam 费用为 15 美元/月或 150 美元/年。

8.3　转变的驱动力

为什么产品经济开始转向服务经济？因为在产品越来越同质化的今天，企业很容易陷入价格战，导致利润下滑。为了存活下去，企业必须做出差异化改变，而服务是塑造差异化的有效手段。企业在转型后，可以拥有更高的毛利率、更强的竞争力，从而能够持久地获得高利润。

8.3.1 服务带来差异化

行业生命周期如图 8-3-1 所示。

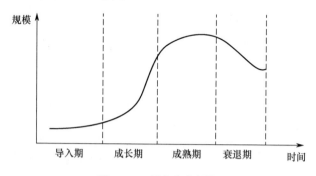

图 8-3-1 行业生命周期

行业生命周期各阶段的特征如下。

（1）导入期：市场增长率较高，需求增长较快，技术变动较大，行业中的企业主要致力于开发新用户、占领市场；但此时在技术方面有很大的不确定性，在产品、市场、服务等策略方面有很大的余地，行业特点、行业竞争状况、用户特点等不明朗，行业进入壁垒较低。

（2）成长期：市场增长率很高，需求高速增长，技术渐趋定型，行业特点、行业竞争状况及用户特点等已比较明朗，行业进入壁垒提高，产品品种及竞争者增多。

（3）成熟期：市场增长率不高，需求增长率不高，技术已经成熟，行业特点、行业竞争状况及用户特点等非常明朗和稳定，买方市场形成，行业盈利能力下降，新产品和产品的新用途开发更为困难，行业进入壁垒很高。

（4）衰退期：市场增长率下降，需求下降，产品品种及竞争者减少。

目前，很多行业都已经进入成熟期。在一个成熟的市场中，差异化是企业生存的重要因素，而创新的服务就是其中一种重要的方式。

2019 年，丰田成为一家为客户提供订阅服务的汽车制造商。丰田的汽车订阅服务名为 Kinto，订阅者每月支付一笔订阅费，作为回报，他们可以自由享受自己喜欢和想要驾驶的汽车，每月的订阅费涵盖保险金、汽车税、登记费、车辆定期维护费等相关费用。

丰田公司总裁丰田章男在一份声明中说："一旦客户发觉自己想要一辆汽车，这项服务就可以很容易地开始。此外，如果客户想要尝试另一辆车，他们可以更换汽车，如果他们不再需要汽车，则可以退货。"

Kinto 目前有 Kinto One 与 Kinto Select 两种服务，前者针对丰田品牌设立，后者针对雷克萨斯品牌设立。

Kinto Select 的消费者可以在 RX450h、NX300h、UX250h、ES300h、RC300h 与 IS300h 这 6 款混合动力车（HV）中选择。租赁合约期为 3 年，费用为 19 万 4400 日元/月，包括汽车税、任意保险和登记费。用户每六个月可以更换一次车型，不需要首期付款。

Kinto One 与 Kinto Select 的内容不太一样，消费者可以选择普锐斯、卡罗拉、埃尔法、威尔法与皇冠，租赁合约期为 3 年，不用首期付款，但车型不能随意更换，同时订阅费也依照车型而定，同样包括汽车税、任意保险和登记费。

目前，汽车市场进入成熟期，竞争非常激烈。丰田此举是为了打造和其他车企的差异化特色，力图从车企向移动出行公司转型。

8.3.2　差异化带来高利润

如果大家的产品都差不多，就只能拼价格，但如此一来，即使销量上去了也无法获得利润。但是，如果有了差异化的服务，就可以大幅提高利润率。

以国内的汽车经销商为例。大型汽车经销企业有正通汽车、永达汽车、宝信汽车、中升集团、物产中大、庞大汽贸、国机汽车、亚夏汽车等，其中，亚夏汽车的毛利率只有 3.4%，物产中大的毛利率是 3.61%，宝信汽车的毛利率为 5.4%，永达汽车的毛利率为 5.2%。可见，整体利润率非常低。而售后服务的毛利率远高于整车销售的毛利率，是各经销商净利润的强力支撑，如永达汽车的售后服务毛利率为 43.6%，物产中大的售后服务毛利率是 21.3%。

再来看苹果的例子。说到苹果的软件服务产业，你能想到什么呢？iTunes

Store、App Store、iBooks Store、Apple Music、Apple Pay、Apple Care 及各种各样的授权协议都在苹果软件服务的范围内。对苹果来说，也许服务产业所占的收入比例并不大，但它却是支撑整个苹果公司运转的基石。如果没有 App Store，iPhone 和 iPad 或许不会如此受消费者喜爱。

苹果的服务产业是非常有潜力的，其毛利率高得惊人。投资机构 Piper Jaffray 旗下分析师 Gene Munster 在一份报告中表示，随着苹果用户越来越多，软件服务的重要性也在逐渐提升。苹果 CFO 卢卡·马斯特里曾表示，服务业的毛利率与整个苹果公司的业务毛利率基本持平，约为 40%。苹果服务产业 2015 年的毛利率实际上达到了 59.2%，而 2016 年，iPhone SE 的毛利率仅为约 35%，iPhone 6s 的毛利率也只有 40%左右。

如果把苹果的服务产业拆开来看，其中的数据更为惊人，如 App Store 的毛利率为 90%~95%，Apple Care 的毛利率为 70%，iTunes Store 的毛利率也有 30%~40%。

从 2017 年第四季度到 2019 年 8 月，苹果产品的毛利率不断下降，从 36% 下降到 30%；同时，服务业务不仅在营业收入和占比方面逐步提升，毛利率也在逐步提高——从 58%提升到 64%。

随着智能手机业务的发展，整个产业链已经成熟，以华为、小米等为代表的国产手机在性价比上有很大优势，但在全球智能设备市场格局相对稳定的前提下，硬件利润越来越低，服务才是提升未来营收空间和净利润的出口。

付费订阅对于实现苹果生态系统的套现相当重要，苹果的目标是在 2020 财年，生态系统的订阅费超过 5 亿美元（目前已经实现 2.2 亿美元的订阅收入）。

投资公司 Jefferies 分析师 Timothy OShea 表示，苹果不断增长的服务业务是其"稳定"的 iPhone 业务这一蛋糕上的奶油，iPhone 业务提供坚实的基础，苹果可以在这一基础上建立庞大、可循环、高利润率的服务业务。Timothy Oshea 认为，包括 App Store、Apple Music、iTunes Store 和 iCloud 在内的服务业务，到 2020 财年将占苹果总营收的 25%，占毛利润的 40%。App Store 和 Apple Music 将拉动苹果服务业务的增长，随着时间推移，苹果有机会推出新的服务业务。

第 9 章

召之即来的按需服务

在手机上简单操作几下，我们很快就可以收到热气腾腾的美食、拿到洗干净的衣服、租到一辆豪华的载客轿车，或者任意看全世界的电影、听全球不同风格的音乐、阅读最新出版的图书。

这就是按需服务，我们以比过去更快的速度获得各种商品或服务。滴滴、美团外卖、爱奇艺、QQ 音乐、哈罗生鲜等都是提供按需服务的典型例子。部分提供按需服务的企业如图 9-1 所示。

图 9-1　部分提供按需服务的企业

随着人们生活节奏的加快，传统业务也逐渐转向这一领域，成千上万的企业正加入按需服务的队伍，涉及旅游、电子商务、物流、交通运输、餐饮、医疗保健、零售等行业。很多传统企业正在努力寻求改善供应链的方法，以更快地交付商品和服务。

9.1　指尖上的服务

现在，无论是即时流媒体还是汽车共享服务，消费者都可以随时随地在线上获取任何想要的内容。

Zipcar 是北美一家汽车租赁公司，也是目前美国最大的网上租车公司，它颠覆了传统的租车模式，努力简化一切环节，将租车行为变得更加经济、便捷。Zipcar 的用户可以在极短的时间内完成租车，无须每次都填写申请材料、去汽车租赁办公室或将汽车送回不方便的地方。

Zipcar 有一个口号："你身边的轮子"，强调无论用户在哪儿，只要步行 7 分钟就能开上自己想要的车。会员只要拨打客服专线或登录公司网站，就可以轻松租车。会员在网站输入地点、取车时间及预计租用时间后，网站就会根据汽车与会员所在地的距离，由近到远给出可租用的汽车，会员选择其中一辆即可。整个过程简单方便，只需要 1 分钟左右的时间。

据统计，美国每年有 2240 万用户花费约 576 亿美元来获得按需服务（见图 9-1-1），他们很乐意为此付款。

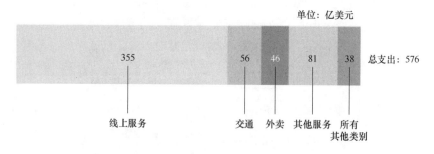

图 9-1-1　美国按需经济的消费额

无处不在的互联网和非常低的交易成本不断催生出新的按需服务公司，这些公司通过高度可扩展的平台和创新应用，有效地将消费者和供应商聚集在一起。无论在哪里，无论何时，我们都可以在手机上呼叫一辆出租车、点一份外卖、预订一间酒店，这大大改变了人们做出决策的方式。通过简洁的界面和方便的支付系统，按需服务正在逐渐消除令人难以忍受的等待时间，用户需要做的只是在智能手机上"轻点几下"。

9.1.1　蓬勃发展的按需服务

许多人可能认为按需服务是专门为富人提供的，但事实并非如此。事实上，46%的美国按需消费者的家庭年收入低于 50000 美元。约 42%的美国成年人使用按需服务，超过 280 家公司提供涉及 16 个行业的按需服务。

根据市场研究公司 BIA/Kelsey 的数据，美国按需经济的交易总额从 2015 年的 220 亿美元增长到 2017 年的 340 亿美元，同比增长超过 50%。而美国 2017 年按需服务的市场占比仅为 7%，还有很大的发展空间。

根据全球管理咨询公司埃森哲的数据，风险投资家在 2000—2015 年向 230 家按需服务公司投资了 125 亿美元，交通运输行业在 2000—2015 年获得了风险投资家的最高投资。

已经有数百家按需服务企业获得风险投资家的青睐，如奈飞、哈罗生鲜及在线学习平台 Udemy、购物平台 Instacart、自由职业者平台 Upwork、住宿平台 Airbnb、快递服务 Shyp 等。

9.1.2　核心原则

（1）即时。

在按需服务中，没有人愿意等待。即时体验至关重要，因此按需服务需要具有可靠的实时处理系统，为用户提供实时的订单状态查询服务，并且能够在不同的环境中使用，主要面向移动设备。

（2）连接。

在许多按需服务中，涉及的人不止一个。因此，整个交易体验实际上是一个连接的共享体验，一个人请求商品或服务，另一个人或多个人来实现，大家需要保持同步。当一个人做一件事时，这种行为须实时反映给其他人，连接的共享体验是提高用户满意度和推动服务成功的重要因素。

（3）移动。

参与按需交易的人大多使用手机等移动设备，这意味着"移动"需要成为按需服务的重要考虑因素。对于在旅途中的用户，也必须确保为其提供可靠的服务。

9.1.3　行业案例

1．交通运输

交通运输是被按需服务"革命"的首批行业之一。我们都知道，现在城市里的出租车预订和租车旅行已经非常便利。

出租车已完全转向"随需应变"的模式。许多出租车公司推出了自己的应用程序，使用户可以轻松预订出租车。此外，人们可以按小时租用汽车，汽车共享平台使人们可以拼车出行。很多平台已经从风险投资家那里获得了大量资金用于进一步发展，如优步、来福车及货车共享平台 Cargomatic、汽车租赁平台 ZoomCar、出行服务平台 DriveU 等。

2017 年，超过 75% 的风险投资用于 5 个创业公司，其中 4 个都是与交通运输相关的，如图 9-1-2 所示。

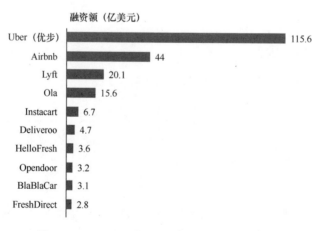

图 9-1-2　75%的风险投资集中在前 5 个创业公司

2．餐饮

送餐平台可以将人们在网上订购的美食送到家门口，任何人都可以通过手机点外卖。而如果一个家庭喜欢做饭，那么哈罗生鲜等食材订阅平台可以提供食谱和新鲜食材。

作为按需食品交付平台之一，DoorDash 在很短的时间内取得了巨大成功。DoorDash 在整合众多餐馆的基础上提供按需送餐服务，在 40 多个国家和地区的 500 多个城市开展业务，借助其 Delight Scoring 系统为用户提供个性化服务，该系统能够显示其平台上所有餐馆的餐饮交付质量。

另外，杂货配送 Instacart、食材配送蓝围裙及请厨师上门做饭的 Munchery、预订餐桌的 OpenTable 等都是餐饮行业发展很好的案例。

按需服务已经与餐饮行业融为一体，不仅能为用户的日常生活增添便利，使其能够按照自己的方式订购食品，还能帮助餐馆扩大销售范围，而无须投资额外的基础设施。

送餐行业已经成为一个万亿美元级的行业。随着风险投资在这一领域的加大及亚马逊生鲜等大型企业开展杂货配送业务，可以预见，按需服务在餐饮行业将有很好的发展前景。

3．美容化妆

早些时候，人们基本都在线下实体店购买化妆品，而现在，美容化妆行业正在逐步改变其商业模式，以随时随地为客户提供服务。从美发预约到聘请造型师，各类按需服务不断出现，聘请造型师的 Miniluxe、美发预约的 StyleSeat 等平台都有较好的发展。

美容化妆行业的"随需应变"平台不仅能帮助用户在家中方便地享受优质服务，还能帮助沙龙和美容机构扩大客户群。在不久的将来，提供高性价比服务的美容服务平台将受到更多消费者的欢迎，因为这些平台能为日益繁忙的都市人群节省时间和精力。

4．企业服务

一些企业为了能够专注于核心业务活动，通常会将其他工作外包出去。提供企业服务的公司能够帮助其他企业实现精益运营，确保这些企业能够获得各种第三方服务，而无须聘请正式员工来完成相关工作。目前比较常见的企业服务包括帮助企业招聘员工、组织公司活动、提供物流服务等。

一些垂直领域的企业服务：

（1）兼职人员：ShiftGig、TaskRabbit；

（2）公司活动：Vanuebook；

（3）公司出行：Rockettravel；

（4）企业餐饮：Grubhub、EzCarter；

（5）外包咨询：HourlyNerd。

由于能够快速有效地完成特定工作，企业服务领域的初创公司正变得越来越受欢迎。

5. 医疗健康

一个迫切需要按需服务的行业是医疗健康。早些时候，患者看病必须要去医院，排队等待就诊；买药也需要到实体药店，费时费力。

而随着按需服务的引入，很多问题得到了解决，例如，用户现在只需在手机上点几下，就可以享受半小时内送药上门的服务，也可以通过各类应用，在手机上向全国的医生咨询病情，或在网上预约护士到家打针。

HealthTap 是美国一家提供 7×24h 远程问诊服务的移动互联网公司。HealthTap 汇集了世界范围内超过 10 万名优质执业医师，用户超过 1 亿人，在线答复的医疗问题达到 19 亿个。HealthTap 能全程满足病人需求，也就是说，从用户描述症状到医师在线诊断和开药方，都可以通过 HealthTap 平台完成。

叮当快药针对单一的线下药品零售模式，自建线下药房及专业的药品配送团队，创立了"药厂直供、网订店送"的线上线下一体化运营的医药新零售模式，推出了7×24h、28 分钟内送达的送药上门业务，同时配有专业药师指导。

医疗健康行业是一个万亿美元级的全球行业，也是按需服务创业家最希望进入的行业之一。该行业其他按需服务有 DoctorOnDemand、TelaDoc、Go2Nurse、Practo 等。

6. 专业服务

几乎所有的专业服务，如木工、电工、保姆、水暖等都可以实现按需服务。

TaskRabbit 是一个提供按需服务的应用程序，它将需要帮助的用户与合格的专业服务人员联系起来，使用户能够以便捷的方式获取家庭专业服务。

这些垂直领域的按需服务平台令人兴奋，因为它为用户提供了众多选择，也为专业服务人员提供就业机会。相似的应用程序还有提供水电服务的 Handy、提供软件开发服务的 Venturapact、提供家庭维修服务的 Serviz 等。

9.2 "现在就要"的消费者

在过去十年间，消费者由于代际变化产生了新特征：他们希望通过节省时间的方式采购商品和获得服务，特别是那些精选的、个性化的商品和服务。

按需服务建立在即时满足的概念之上，在最短的时间内将用户想要的东西送到他们手中，能够极大地提升用户体验。

根据《哈佛商业评论》2016 年的报道，很大一部分（49%）使用按需服务的用户的年龄为 18～34 岁，如图 9-2-1 所示。

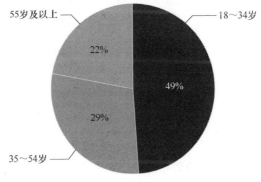

资料来源：《哈佛商业评论》。

图 9-2-1　使用按需服务的用户的年龄构成

此外，在其他方面，49% 的用户是"千禧一代" 55% 的用户是男性，45%

的用户具有本科及以上学历，54%的用户位于郊区，46%的用户年收入低于 5 万美元，47%的用户家庭年收入高于 7.5 万美元，如图 9-2-2 所示。

资料来源：《哈佛商业评论》。

图 9-2-2　使用按需服务的用户结构

千禧一代现在是全美规模最大的一代，正是按需服务市场增长背后的驱动力。千禧一代指的是在 1982～2000 年出生并在 21 世纪成年的一代人，也就是我们常说的"80 后""90 后"。这一代人的成长时期正是互联网和计算机科学形成并飞速发展的时期，具有生活条件优越、互联网信息爆炸、独生子女等时代特点。

在生活消费方面，千禧一代有着区别于"60 后""70 后"的显著特点。根据高盛的研究报告，我国的"80 后"和"90 后"群体约有 4.15 亿人，占总人口的 31%，随着他们的平均年收入从 2014 年的 4.1 万元增长至 2024 年的 9.1 万元，这一群体将主导将来的消费格局。未来 10 年，千禧一代将成为我国消费市场的主力军，这是目前所有企业的共识。这一代人的消费观念、消费能力及消费欲望已带动新零售市场发生深刻变革。

"等待"这个词与千禧一代几乎没有关系，因为这一代人厌恶一切需要等待的事情，所有能在手机、电脑上解决的事情，他们绝不会去现场浪费时间。

讲究时间与效率的千禧一代对等待几乎"零容忍",这在数据上也有很好的印证。据统计,在千禧一代中,86%的人热衷于网购与移动支付,70%的人能够等待的网页加载时间不超过 5 秒,60%的人表示在实体店试衣、买单时不喜欢等候。

很多千禧一代对按需流媒体内容感到满意,因为可以一次性观看一系列节目,而无须等待。类似"懒人消费"这样的消费习惯滋生了新零售、共享经济、速运、餐饮等一系列新旧行业的全方位变革。

千禧一代能够快速适应改变也热衷于拥抱改变,这和他们自出生以来所处的不断改变、越来越便捷的生活环境有关,对于互联网、手机、社交媒体等时代进程,他们都是最活跃的响应者。

千禧一代是线上购物的拥护者与实践者。我国拥有庞大的网购群体,其中,千禧一代的占比超过 86%。而随着智能手机、移动支付的普及与移动购物的完善,超过 80%的千禧一代表示自己更喜欢在手机、平板电脑等移动设备上购物。网购产品品类齐全、价格实惠、省时省心省力等都是吸引他们网购的原因。

我国千禧一代对购物的便利性和快捷性有很高的期望。他们是全渠道的购物者——他们会选择最能满足自己需求的渠道,不论是线上还是线下。当进行线上购物时,他们大多数使用手机完成整个购物之旅——从产品调研到购买、支付、配送和售后。当到实体店消费时,他们倾向于使用支付宝等便捷的支付方式及免费送货服务。

根据谷歌的研究报告,使用智能手机的人对消费的即时性要求更高。在谷歌搜索中,2015—2017 年,"当天发货"一词的搜索量增长了 120%,"今天的航班"和"今晚的酒店"增长了 150%。

传统企业难以满足千禧一代即时性的需求,特别是当他们拥有传统的供应链时。传统供应链基于大量相同的产品,之后通过产品运输整合数千个订单,与新时代的消费需求完全不一致。如今的客户喜欢快速、低成本的交付,他们希望能尽快拿到商品或享受服务。

Zara 是一家总部位于欧洲的服装店,其通过消费者数据来追踪消费偏好和趋势,彻底改变了供应链模式。Zara 为其生产商提供了有限的面料选择,从而提高流行服装进入线下店铺的速度。Zara 能够在 15 天内完成新设计的衣服的上架，而行业的平均时间是 6 个月。

亚马逊 Prime 订阅会员也在享受着越来越快的送货速度。为了满足客户的货运需求，2016 年，亚马逊租赁 40 架喷气式飞机为消费者送货。2018 年，亚马逊宣布增加 40 辆印有"Prime"标识的专属货车用于"最后 1 公里"的配送，并宣布将订购 2 万辆奔驰 Sprinter 货车用于支持美国本土的配送计划，亚马逊的末端送货服务不断迭代升级。Prime 服务的标准到货时间是 2 天，亚马逊可以将这一时间压缩为 1 天，甚至可以按小时计算。

2012 年，亚马逊以实现仓储中心自动化、提升物流效率为目的，投资 7.75 亿美元收购了机器人制造商 Kiva Systems，随后将其更名为亚马逊机器人（Amazon Robotics）。2020 年，亚马逊在其全球 26 个运营中心应用了超过 10 万个 Kiva 机器人。Kiva 机器人的外观看起来像一个冰球，高度为 40cm，移动速度最高可达 1.3m/s，最高负荷为 340kg，工作效率是传统物流作业的 2～4 倍，准确率达 99.99%。

早在 2013 年 12 月，亚马逊就发布了 Prime Air 无人快递，顾客在网上下单后，如果物品重量在 5 磅以下，可以选择无人机配送，无人机可在 30 分钟内把物品送到家。整个过程无人化，无人机在物流中心流水线末端自动取件后直接飞向顾客。2014 年，亚马逊 CEO Jeff Bezos 公开表示，亚马逊正在设计第八代无人送货机，将采用无人机为亚马逊 Fresh 生鲜提供配送服务。2020 年，亚马逊聘请了波音公司前高管、787 项目副总裁 David Carbon 担任 Prime Air 副总裁，负责运营无人机送货业务，目标是能够在 30 分钟内将货物送到客户手中。

可以说，亚马逊充分利用无人机、机器人、大数据、人工智能等技术，不断提升物品送达速度，这在一定程度上代表了未来的趋势。可能过不了多久，大部分商品都可以实现在半小时之内送达。当消费者习惯了这样的按需服务后，就会期待更快速的服务响应。

时代在变，大众的消费偏好也在变，站在消费者的角度思考问题、解决消费者的需求问题，才能更好地发展企业。即时性的服务能够匹配消费者即时性的需求，是企业在未来取胜的关键。

9.3　所有权的终结

在当今时代，消费者越来越不关注所有权，而更加关注使用权和访问权。举例来说，不是购买一套房子，而是随时租赁一个喜欢的房子；不是购买一辆汽车，而是使用滴滴、优步等随时召唤一辆汽车；不是购买一大堆 DVD 碟片，而是打开腾讯视频看最新的高清电影。

一件事物的拥有成本变得过于沉重，尤其在与方便快捷的按需服务相比时。例如，如果自己拥有一辆汽车，每周要加油，每月要交停车费，每年要交保险，另外还有违章费、维修费、过路费等。养一辆车的年花费（以捷达为例）如图 9-3-1 所示。

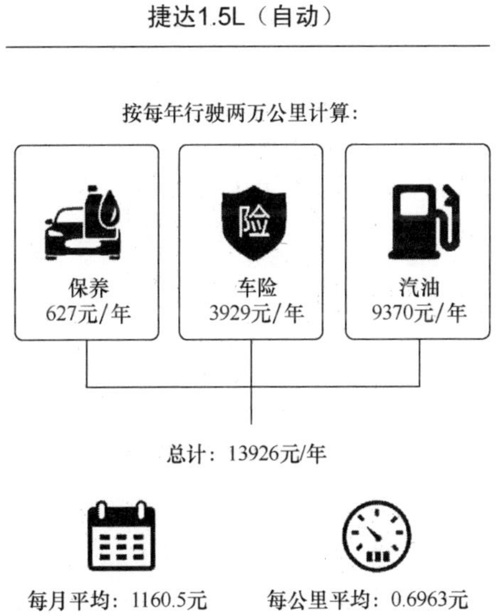

捷达1.5L（自动）

按每年行驶两万公里计算：

保养 627元/年	车险 3929元/年	汽油 9370元/年

总计：13926元/年

每月平均：1160.5元　　每公里平均：0.6963元

资料来源：公众号"玩车教授"。

图 9-3-1　养一辆车的年花费（以捷达为例）

另外，随着时间的推移，还需要清洗节气门、进气道、喷油嘴、空调系统等，而且变速箱油和轮胎的更换也都会提上日程。费用高不说，还非常麻烦，需要耗费大量时间。

而有了滴滴、优步等提供的网约车服务，我们可以随时享受出行的便利，不用费心去找停车位、去加油站加油。每次费用也不过几十元，人人都可以负担，一个月的总花费可能低于养车费用。在这种情况下，还有必要买车吗？

在某种程度上，所有权是一种拖累。一旦我们获得某种东西，在获得所有权的同时，我们需要承担很多责任。

相关研究一致表明，在发达国家，千禧一代和 1998 年以后出生的"数字原住民"，与其父母一代相比，更不关注所有权。他们与移动互联网一起成长，对这些新世代来说，相比于所有权，分享和访问更有意义。

声田、YouTube、奈飞等的流媒体订阅服务都是很好案例。

在国外，1999 年，人们要听歌和看电影只能购买 CD 和 DVD，从 Napster 上下载歌曲是非法的。从 2003 年开始，人们可以通过 iTunes 合法下载正版歌曲，但每首歌曲要收费 0.99 美元。到了 2015 年，一切都变了。用户可以付费订阅，然后随意访问海量的音乐、影视等内容。用户不需要获取这些内容的所有权，只要能访问即可；用户也不需要任何物理或数字存储空间去保存这些内容，只需联网获取即可。

当按需服务变得便宜、令人满意并且可靠到足以使所有权溢价消失时，人们就会抛弃所有权，除非存在一些个人习惯和特别理由。

未来的人可能什么都不需要拥有，只要订阅足够的按需服务就可满足全部需求。人们不用租房子，从一个 Airbnb 搬到另一个 Airbnb 就好了，出差旅行也不用打包衣物，衣服、电脑、手包一站式租用就可以了。

一些传统行业也具有巨大的订阅潜力。例如，可穿戴设备提供商 Fitbit 通过运动手环收集用户的心跳、血压等信息，之后分析并反馈健康状况给用户，每月只需几美元；在建筑行业，美国机械公司 Caterpillar 根据使用者的情况，向买家建议应该购买还是租用一辆拖拉机；还有一些水泥公司在路面下铺设传感器以收集交通信息，从而为政府提供服务，这在我国的"智慧城市"建设中已经开始尝试。

人们和事物之间的关系不再是静态的占有关系，而是动态的访问关系。

互联网、手机成为各种服务的入口。用户可以很快地获取一件商品，就好像这件商品是他自己的一样。在某些情况下，商品的获取速度可能比用户从自己的"地下室"里找还要快,商品的质量也很有保障。

按需服务使我们能够享受拥有一件物品的绝大多数权益,同时减少了物品占有带来的负担(如清洗、修理、存储、归类、投保、升级和保养等)。Kevin Kelly 在他的新书《必然》中指出,对事物的占有不再像以前那样重要,而对事物的使用则比以往更加重要。

为什么所有权越来越不重要?Kevin Kelly 指出,这受到以下五个趋势的影响。

1．减物质化

减物质化趋势使我们可以用更少的物料制作更好的东西。从 20 世纪 70 年代开始,汽车的平均重量下降了 25%,而引擎性能、刹车效果和安全性都得以提升。曾经笨重得只能放在桌上的电话机,现在可以直接装进口袋,性能甚至堪比一台电脑。创新设计、智能芯片及网络连接等无形的材料承担了曾经需要大量原料的工作。在硅谷,人们将这一现象描述为"软件吃掉一切"。

产品向服务的转变也是一个加速减物质化趋势的力量。产品是"拥有你所购买的",而服务是"使用你所订阅的"。产品主张所有权,服务主张使用权。产品是一次性的事件,而服务则提供了一个有关更新、发布和版本的永不停歇的服务流程,生产者和消费者之间保持永久的联系。

2．即时匹配供需

为了做到近乎即时的传递,创业公司正在尝试以新奇的方式开拓低效领域。他们可以在一秒之内,将那些闲置的资产与等着使用的人们匹配起来。

要从 A 点到 B 点,你有 8 种乘车方式:

(1)买一辆车,自己开车去;

(2)雇一个公司,载你到目的地(出租车);

(3)从某公司租一辆车,自己开车过去(Hertz);

(4)雇一个人,开车送你到目的地(优步);

(5)从他人那里租辆车,自己开车过去(RideRelay);

(6)雇一个公司,将你与同行的人按照固定线路送过去(公共汽车);

(7)雇一个人,将你与搭车的旅客送往目的地(来福车 Line);

（8）雇一个人，将你与搭车的旅客送往固定的目的地（BlaBlaCar）。

类似优步的按需服务正一个接一个地冲击着其他行业，成为"X 领域的优步"。上门美甲、鲜花速递、洗衣服务、医生出诊等，随时随地都有人在等候指令，为用户提供服务，而且价格实惠。

3. 去中心化

现在，我们正处在长达 100 年的去中心化进程的中点。社会越去中心化，使用性就越重要。而这其中，最具标志性的转变就是货币。货币需要中央政府的强力保障，如果货币都可以去中心化，那么其他任何事物也都可以去中心化了。于 2009 年诞生的比特币就是一种完全去中心化、分布式的货币，这是一种新型的所有制——民众公有，每个人都拥有它，但没有一个人真正拥有它。

4. 平台协同

传统的组织形式有两种：企业和市场，而现在，第三种组织形式出现了，这就是平台。它既不是市场也不是企业，而是一个新的生态系统。一个平台就像一个雨林，一个物种（产品）的成功是建立在其他共存物种的基础之上的。今天，最富有、最具破坏性的组织机构几乎都是多边平台，如苹果、微软、谷歌、脸书、优步、阿里巴巴、Airbnb、微信、安卓等，它们共同促进由相互依赖的产品和服务构成的强劲生态系统的生成。生态系统受共同进化原则的支配，共享是默认设置，你的成功取决于他人的成功。被分享的事物越来越多，被当作财产的事物则越来越少。

5. 云化

云端运作着我们的数字生活。你所接触的电影、音乐、电子书和游戏都保存在云端，你在手机上做的大多数事情都借助云计算完成。云端越大，我们的设备就越小巧、越轻薄。Marshall McLuhan 提出，车轮是腿的延伸，相机是眼睛的延伸。那么云端就是我们灵魂的延伸，是自我的延伸。我们生活中的所有影像、我们感兴趣的所有信息、我们的各种记录、我们与朋友的所有聊天及所有选择、所有想法、所有愿望等都存在云端。

第10章

高速度进化

"从前车马很慢，书信很远，一生只够爱一人。"现在飞机高铁，瞬间到达，一个表情通过光纤能以秒速传到爱人面前。

我们周围的世界和环境正在快速变化。移动通信技术从 1G 到 2G、3G、4G、5G，手机从 100 万像素到 1000 万像素、1 亿像素，设备从台式电脑到笔记本电脑、智能手机、VR 头盔、AR 眼镜、脑机接口，数字革命正呼啸而来，深度改变着交通、娱乐、零售、传媒、汽车、食品、医疗等行业，重构着每一家企业和社会的每一个领域。

面对快速变化的环境，企业应如何生存？

10.1 间断平衡的世界

从猿到人的进化理论已经被大众普遍接受。人类进化史如图 10-1-1 所示，进化端最左边是南方古猿，最右边是智人，渐进演化理论认为，在二者之间有十三种逐渐发展的物种，在大约 230 万年的时间里缓慢进化，这意味着猿人不会在某一天突然像人一样醒来。

不过，这种缓和的渐进演化理论在 1972 年被颠覆了。当时的两位古生物学家——哈佛大学的古尔德博士和美国自然历史博物馆的埃尔德雷奇博士表示，化石记录显示进化不是缓慢发生的，而是快速爆发的，这种理论称为"间断平衡"。新物种只能通过线系分支产生，只能以跳跃的方式快速形成；新物种一旦形成就处于保守或进化停滞状态，在下一次物种形成事件发生之前，在表型方面不会有明显变化；进化是跳跃与停滞相间的，不存在匀速、平滑、渐变的进化。

图 10-1-1　人类进化史

从化石记录来看，生物的进化有这样的模式：长时间只有微小变化的稳定或平衡，被短时间内发生的大变化打断，也就是说，长期的微进化后出现快速的大进化，渐变式的微进化与跃变式的大进化交替出现。大进化有着与微进化不同的机制，而这种大进化机制，不是自然选择，而是由其他因素导致的，如胚胎发育的模式。

传统学说认为，进化量（生物种系在一段时间内的性状演变总量）是渐进变异逐渐积累的总和，线系渐变是进化的主流；间断平衡论则认为，虽然渐变也可造成变异，并通过积累形成新物种，但其在总变异量中所占份额很小，物种形成才是进化的主流。线系渐变和间断平衡的区别如图 10-1-2 所示。

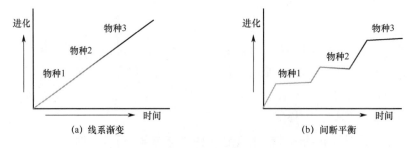

图 10-1-2　线系渐变和间断平衡的区别

寒武纪爆发是进化史上间断平衡快速增长阶段最著名的例子。在仅仅 2000 万年（这个进化时间仅占地球 40 亿年进化历史的 0.5%）的时期内，几乎所有现存的生物种类都出现了。在寒武纪爆发之前，大多数生物都很简单，由单个细胞组成；而在那个时期结束后，世界上到处都是各种各样的复杂生物。在爆发期间，物种多样化的速度加快了 10 倍，达到一个新的数量级。

我们生活在一个间断平衡的世界里。在几个世纪前，工业革命作为最重要的革命之一，耗费了将近一百年的时间才扎根。法国人纪尧姆·奥托在于 1799年 7 月 6 日写的一封信中首次使用了"工业革命"这个词，直到九十多年后，工业革命的概念才开始普及。而现在，技术迭代和社会进步在几年甚至几个月内快速发生。还记得你因为有车载电话而认为自己很酷吗？当第一个 iPod 问世并且你可以在其中存放一千首歌曲时，你是否感到惊讶？如今，车载电话和 iPod 已经逐步消失，取而代之的是可以随身携带并且听全世界几百万首歌曲的智能手机。十五年前，互联网还没有被大规模采用，而现在，我们根本无法想象没有互联网的日子要如何度过。

毫无疑问，我们现在所处的社会不是处于缓慢的渐变之中，而是处在快速的突变之中，如同寒武纪时代。

10.2　快速进化或死亡

2014 年，进化生物学家发现，佛罗里达州印第安河泻湖岛屿上的绿色蜥蜴（见图 10-2-1）只需 20 代就能适应棕色蜥蜴的入侵。因为被棕色蜥蜴驱赶到更高的栖息地中，绿色蜥蜴在短短 15 年内进化出了更大的脚趾垫和更多的黏性鳞片，从而可以更好地紧贴树枝和攀爬树木，可以走向树梢以避开入侵者。

图 10-2-1　印第安河泻湖岛屿上的绿色蜥蜴

在过去的几十年里，进化生物学家和生态学家已经认识到，如果自然选择足够强大，物种将会快速进化，将在我们能够观察到的时间范围内发展。

在各种技术引发突变的时代，消费者需求不断发生变化，企业如果不能快速"进化"、及时调整，就将面临倒闭的危险。

在一个假设的场景中，有两个除人数外完全相同的软件工程师团队，分别为团队 A 和团队 B，团队 B 的人数是团队 A 的 10 倍，给他们提供完全相同的工具和待解决的问题。团队 B 每 3 个月优化一次软件，而团队 A 每天优化多次。由于速度更快，团队 A 的商业价值远高于团队 B，即使团队 A 的规模更小。

传统企业在推出产品或服务前需要进行大量的市场调研，然后进行精准的广告投放和市场推广，在产品上市一两年后收集用户反馈，然后进行详细的论证，讨论如何调整后续产品或服务，整个"进化"速度以年为单位。在很多时候，产品或服务的改进远远滞后于市场需求。

订阅企业则以月、周甚至天为单位进行优化迭代。大部分订阅都是按月进行的，用户如果因为不满意而退订，当月的数据就可以反映出来。另外，订阅用户和企业有经常性的联系，可以快速向企业提出意见和建议。奈飞就是一个典型案例，其快速"进化"能力让其在短时间内成为全球互联网文娱巨头。

奈飞于 1997 年成立，早期以线上 DVD 租赁及出售业务为主，彼时 DVD 租赁服务的主流服务商为 Blockbuster，其巅峰时期拥有近 6 万名员工和超过 9000 家门店，70%美国人的住所离 Blockbuster 的连锁店不超过 10 分钟车程。当时，在 Blockbuster 几乎垄断了美国 DVD 租赁市场的情况下，用户不得不接受其租赁滞纳金条款，即必须在规定时间内归还 DVD，否则需要上缴高昂的"滞纳金"。该项制度提升了 Blockbuster 的利润规模，但也严重影响了用户体验。同时，Blockbuster 的线下租赁商业模式，使其前期在店面、人力、商品（DVD）等方面投入的资金量巨大，用户租赁量一旦达不到理想规模，便会亏损。面对这种局面，奈飞采取 3 项措施来应对，具体如下。

（1）紧抓用户痛点，简化租借流程，取消滞纳金制度。奈飞的 DVD 租赁过程如下：用户通过在线搜索找到想要的 DVD，公司直接将 DVD 邮寄到用户家中。用户在看完之后，只要将 DVD 放回邮箱就有人上门收取，整个过程简单方便。同时，奈飞完全取消了到期日和滞纳金制度，不限观看时间，用户在租借新 DVD 前归还旧 DVD 即可。借助这样的方式，奈飞督促会员进行自觉的租片管理，同时避免了不愉快的消费体验。颠覆式的用户体验使奈飞在运营的第一年便获得了 23.9 万名用户。

（2）采取会员制度，提高用户黏性。1999 年 9 月，奈飞推出了 DVD 月租模式，取代传统模式中的单次计费，使用户更具黏性。会员包月制使营业收入与会员数同步增长，而奈飞的运营目标也更加简单明晰——吸引更多会员加入，并尽可能让会员享受到满意的服务，从而持续订阅。

（3）采取轻资产策略，降低运营成本，实现快速发展。奈飞作为在线服务供应商，采取了无店面、无营业员的轻资产运营模式，不但打破了传统实体店货架有限的瓶颈，而且在免除店面成本的前提下，奈飞能够通过扩建区域配送中心来满足不断增加的会员需求。

结果，在 Blockbuster 一家独大的情况下，奈飞取得了突破性发展。

2007 年，美国很多家庭都接入了宽带网络。2010 年，美国家庭宽带渗透率已提升至 62%，技术发展为流媒体视频平台的崛起提供了良好的铺垫。同时，美国传统电视的"线性排播"模式带来不佳的观众体验，加之传统电视固定成本高，美国电视每日观看时长从 314 分钟逐步降低，观众亟须获取性价比高、观影体验佳、影片选择自由的新型观影方式。

奈飞与时俱进，将 DVD 邮寄业务升级为流媒体服务，增加了大量视频内容，让用户可以通过网络在电视、电脑和移动设备上随时随地欣赏影视作品。

2008 年，奈飞上线了全新的流媒体服务，公司通过购买版权价格较低的老电影和电视节目，在成本没有太大增加的情况下，免费为会员提供在线视频观看服务。该策略既不影响 DVD 租赁会员数量的增长，又吸引了另一部分对在线观看视频感兴趣的用户，并与 Blockbuster 等同业竞争者拉开了距离。凭借 DVD 业务向流媒体视频服务的平滑过渡，2009—2011 年，奈飞的 DVD 租借业务仍保持每年约 30%的增长，会员在线观影时长也迅速增加。

Kagna 的数据显示，2000 年，美国多频道电视套餐的价格为 60 美元/月，奈飞在上线流媒体业务初期，以 7.99 美元/月的价格附赠网络视频业务，吸纳了众多"掐线族"。同时，不同于美国传统电视台采取的周播方式，奈飞开创性地在播放时采取整季同时播出的方式，在制作时会更多地考虑整部作品的连贯性，单集节奏压力减小，时长方面也没有严格到分钟的限制。TechPinions的调查结果显示，83%的奈飞用户有过一次性看完整季剧集的经历。受限于播出平台和模式，传统有线电视很难推出类似的创新服务。

流媒体的兴起引发了视频网站对头部版权剧的争夺，导致其价格水涨船高。例如，奈飞购买《广告狂人》的单集价格约为 100 万美元，已经接近该剧制作成本（200 万~250 万美元）的一半。根据政策规定，《广告狂人》需要先在 AMC 电视台播出，隔天才能在奈飞上线；奈飞高价购买的所谓独家权仅是一个网络二轮播放的权益，所能够触及的也只是那些没能赶上第一轮电视播放的用户。

在这种情况下，奈飞试水高端自制剧。奈飞在 2012 年进入内容制作行业，首次推出原创犯罪喜剧《莉莉海默》，之后大幅扩展电影和电视剧制作业务，陆续推出众多原创内容。2013 年，其高端原创剧《纸牌屋》大爆，全年全球用户增长 36.5%，到 2013 年年底已有 3171.2 万美国用户、4435 万全球用户。至此，奈飞的内容布局开始了由量向质、由丰富向独家的转变，2014 年 1 月，奈飞向美国用户提供 6484 部电影和 1609 部剧集。

自 2013 年以来，奈飞在原创内容上的投入逐年稳步上升，平均增速维持在 25%左右。奈飞自 2013 年开始连续五年在年报中称，原创内容是导致流媒体内容成本上升的主要原因，其制作的高端原创内容不仅量多并且质优。在 2017 年的艾美奖中，奈飞获 91 项提名、20 项奖项，仅次于原创内容大户 HBONow，至此，"奈飞出品，必属精品"的品牌形象深入人心。

从 DVD 到流媒体，再到原创内容，面对每一次社会环境的变化，奈飞总能快速应对，不断进行调整，从而让自己立于不败之地。

在缓慢进化的时代，大象是有优势的，它依靠庞大的身躯获得更多的食物。但是在环境发生巨变时，最先倒下的肯定是那些庞大生物，如小行星撞击地球后的霸王龙；而能够活下来的，一定是进化迭代速度最快的那些物种，如和霸王龙同时代的哺乳动物——老鼠。因为迭代速度快，它们可以快速地繁殖不同分支的下一代子类，然后通过自然淘汰选择出最优的子类，之后继续进化。另外，结构简单的生物可能会获得更大的进化优势，因为其改变结构相对容易。

就像在做生物遗传学实验时，没人会用大象，而会用果蝇，因为果蝇每隔十天就会繁殖下一代，能够更快地筛选出需要的结果。所以未来，要么快速进化，要么灭亡。

10.3　实时反馈闭环

企业要快速"进化"，离不开对客户需求的了解。在某种程度上，企业唯一长久的竞争优势就是对客户的了解。企业要不断收集和分析消费者的反馈，并利用获得的反馈洞悉企业存在的问题，然后进行改进和提升，重新设计产品和服务。

众多订阅企业已经把反馈的速度大大加快，利用互联网实现实时反馈，可以 7×24h 全天候和客户进行沟通。在获得客户反馈后，企业快速进行迭代优化，从而形成一个良性的运行闭环。忠诚的客户关系在一次次更快更好的反馈循环中不断加强，以客户为中心的企业文化也得以扎根。

许多传统的客户反馈方式存在重大缺陷：不是实时的。如季度性的客户调查依赖客户记忆，这些记忆会随着时间的推移而逐渐模糊。很多客户调查还会受到主观认知和偏见的影响。即使公司在每月的服务结束后立即对客户进行调查，但执行团队往往无法及时回应存在不满的客户。这种延迟会使客户感觉公司不重视他们的反馈。

以 Graze 为例。Graze 提供迷你零食订阅盒子，每周、每两周或每月为用户寄送一系列定制零食。订阅盒子包含八种不同的零食，每个订阅盒子的售价为 11.99 美元，免运费。客户可以自行选择交付频率，并可以随时更改或取消订阅计划。

Graze 的零食种类非常丰富，有 100 多种，包括杏仁、蔓越莓香草软糖、牛奶巧克力、软苹果片、葡萄干、奶酪味腰果、烤咸花生等。所有零食都不含转基因成分，也没有反式脂肪、人工色素、香精或防腐剂，而且都是在全球范围内精挑细选出来的，在其他地方无法找到相同的零食盒。

Graze 的订阅过程很简单：

（1）用户创建账户并告诉 Graze 自己喜欢什么。

（2）Graze 定制盒子并免费提供样品。Graze 使用一种名为 DARWIN 的算法，根据订阅者在网站上输入的偏好信息定制零食盒。

（3）用户在收到订阅盒子后，可以对其进行评价和反馈，以便 Graze 更好地了解自己的喜好。

Graze 与其订阅用户之间的反馈循环不是一次性的，而是一个持续的过程。在几次迭代后，Graze 将非常了解用户的偏好，能够提供非常好的用户体验。

潘妮是 Graze 的品类开发负责人。她说："我们拥有全球超过十亿个零食评级数据库，这让我们对小吃市场有了深入的了解。创新是 Graze 的生命线，我们平均每两天推出一款新产品。"客户的实时反馈大大提升了公司的敏捷性和产品开发流程的快速性。潘妮声称，Graze 的创新团队能够及时发现趋势，如在美国及时发现了"素食蛋白"趋势。

Graze 将消费者反馈作为创新的启动模型，对产品的快速反馈也使 Graze 能够降低创新的风险。其运营理念是"快速尝试、快速失败、快速迭代优化"。例如，Graze 推出了蛋白质谷物棒，但效果不如预期，在推出六个月后，Graze 彻底改变并重新启动了相关产品计划。与大型食品制造商相比，这种灵活性是一个重要的竞争优势。大品牌遵循复杂的创新流程，将新产品推向市场的过程非常漫长。这个过程缺乏速度，意味着企业可能错过很多机会。

订阅企业追求灵活性和速度，不是先设计一个完美的产品再上线，而是迅速开发一个最小的可行产品并立即发布，然后向潜在用户、购买者和合作伙伴获取有关商业模式所有元素的反馈，包括产品功能、定价、分销渠道和客户获取策略等。之后企业利用反馈来修改之前的产品，重新开始循环，重新设计产品并进行测试。

订阅企业的反馈闭环如图 10-3-1 所示。

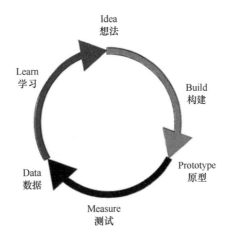

图 10-3-1　订阅企业的反馈闭环

在大多数行业中，客户反馈比信息保密更重要，而且持续反馈产生的效果要远远好于闭门打磨产品的效果。这就是新的创业理念：快速推出新产品和新功能并进行迭代，而不是在发布之前花费过多的时间完善产品或功能。

快速迭代能够带来强大的复利效应。如果初始成功率仅为 5%，那么当企业完成 20 次迭代时，成功率可提升至 64%。

快递迭代能够带来创新。企业要想实现有价值的创新，需要采用系统的方法，大量测试很多新的想法，然后将它们转化为商业价值。快速迭代的实验对于有效转换至关重要，因为它可以通过将假设转化为事实，帮助组织检验其创意，筛选出可行的好想法，淘汰掉不可行的坏想法。

Dollar Shave Club 很注意挖掘那些看似微不足道的需求痛点。例如，有用户抱怨刮胡子时用的纸巾太粗糙，公司就专门开发了两款剃须专用湿巾，分别用于剃须前和剃须后。显然，流行趋势并不会告诉企业消费者存在这种需求。除此之外，剃须油、干洗洗发水等产品同样是应用户需求而生的，实际上，该公司 80%的产品都是这样投入市场的。

当然，Dollar Shave Club 的新品也不是百发百中的，其曾推出一款去死皮搓澡巾，消费者反响就不是很好。Dollar Shave Club 没有刻意回避差评，而是与用户进行了一次非常透明的对话。在听取用户的意见后，其在两周内对产品做出了改进。不但如此，公司还主动向之前订购旧版产品的 6.4 万名会员做了退款处理。

这次经历让 Dollar Shave Club 更加意识到测试新产品和获取用户反馈的重要性，为此，其邀请 500 名长期订阅者担任新品测试员，从而及时获取使用感受。这进一步提高了 Dollar Shave Club 对市场需求的反应速度。

10.4　早失败早成功

著名设计公司 IDEO 的口号是"早失败早成功"。

一旦要进化、转型和创新，冒险和失败都会随之而来，但要看你怎么看待失败——失败可以积累经验，至少能够让你为下一次冒险积累知识，失败多的人才比成功多的人才更可用；好的失败能够在资源可承受的范围内，为继续尝试奠定基础。

当然，你既需要不屈不挠，也需要规避盲目的冒险、非承受能力之内的豪赌。你需要尽力尝试，但在向订阅转型的不确定性没有完全消除之前，也没有必要下重大赌注。

容错性的前提是识别假设、低成本验证假设，使用一系列简单、低成本的试验方法，通过快速失败来快速学习、尝试那些尚不完美的想法，进而取得颇具吸引力且富有启发性的突破性进展。

在变化速度加快的市场中，我们无法预测消费者对新产品的最终认知。成功的订阅创业企业善于抛弃传统的产品管理和开发流程，善于结合敏捷工程和客户开发，以不断迭代的方式建立、测试和寻找消费者认知的核心价值，从而实现行业突破性创新从"未知"到"已知"、从"不确定"到"确定"的转变。

对于茫然的未来，转型没有教科书，也没有可以遵循的经验，想一次成型或者不经历失败是不可能的。我们无法预测未来，每一个危机都会激发企业新的自我改进、调整和优化的战略。

生物进化是依赖压力、随机性、不确定性而存在的，生物的基因库正是利用这种冲击来确保优胜劣汰，如果没有失败，就不会有进化。为了容纳失败，印度塔塔集团还设立了年度最佳失败创意奖，还有的企业设立年度失误奖，甚至有的企业为了推进试错，还设立了免错金牌。创新不能被拥有或任命，它需要被允许。命令创意人员让他们进行创新并不一定有效，正确的方式是放任他们去做。

面对订阅时代的决策和创新，无须焦虑，只需试错，在规模允许的范围内，快速失败，从失败中学习。

第 **11** 章

千人千面的大规模个性化

福特 T 型车的下线，标志着大规模生产和规模经济的到来。在这之后，企业关注的是规模、成本、价格，但个性化和独特性被忽视了。

而现在，在近一个世纪之后，情况开始发生变化。如今的消费者想要更多差异化的产品和服务，以及量身定制的东西。

个性化能够给企业带来收入的增加和消费者忠诚度的提升。40％的美国消费者表示，由于个性化服务，他们购买了比原计划更昂贵的东西；44％的美国消费者表示，他们可能会在体验个性化购物后成为重复购买者。

2017 年 5 月，波士顿咨询集团围绕个性化服务对企业进行了研究。结果显示，与没有提供个性化服务的企业相比，提供个性化服务的企业的转化率提升了 11％～48％，个性化的重要性日益凸显。

个性化对转化率的影响如图 11-1 所示。

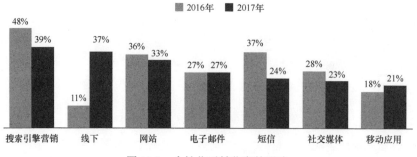

图 11-1　个性化对转化率的影响

无论是在提高用户对特定需求的满意度方面，还是在提高用户体验方面，个性化产品对用户来说都更有价值。根据 NPD 集团 2011 年的一项研究，客户很乐意为专门根据他们的需求而打造的商品支付 25％的溢价。

有证据表明，个性化产品可以产生更高的用户满意度并拥有更高的价格，从而产生更高的产品回报、更多的重复销售和有效的口碑广告。更重要的是，个性化在企业和消费者之间创造了一种新型的关系，进行个性化定制的企业有机会与消费者进行持续对话，从而建立长久联系。

11.1　大规模个性化

个性化的产品和服务一直都有，但之前主要针对那些高端的奢侈品，而大规模生产的标准化产品价格便宜，是大众可以承担的。由于高昂的价格，定制的个性化服务成为很多人的奢望。

现在，我们进入了一个新时代：大规模个性化时代。每个人都可以根据自己的情况拥有个性化的产品和服务。

11.1.1　阿迪达斯定制跑鞋

德国运动装备巨头阿迪达斯的 Futurecraft 3D 新款概念跑鞋，可以完全按照个人需求定制 3D 打印的鞋底中层，并在门店当场制作。这款与比利时 3D 打印服务商 Materialise 合作打造的新产品，有着精准的凹槽、外部轮廓，能与脚部完美匹配，甚至可精确至每一个压力点，为每一位穿戴者提供个性化支撑和缓冲系统，提升运动表现。

通过这项新技术，阿迪达斯希望实现一个新模式：消费者走进门店，在跑步机上跑一小会儿，在其出店时就能拥有一双 3D 打印的定制跑鞋。

阿迪达斯前执行董事 Eric Liedtke 说："Futurecraft 3D 只是一个原型和一种意图的说明，我们以崭新的方式将工艺和材料结合在一起。这种 3D 打印中底材料不仅能做出好跑鞋，还能用性能参数推进真正的定制体验，满足运动者的任何需求。"

11.1.2　每个人都能听到自己喜欢的音乐

于 2006 年成立的声田是流媒体音乐领域的先行者和最著名的代表性公司。近年来，数字音乐市场的内部结构发生了巨大变化。iTunes 式的永久下载量逐年走低，而声田式的流媒体订阅逐渐兴起。根据美国唱片业协会的统计，在美国市场中，流媒体音乐的订阅收入于 2016 年正式超越音乐下载的收入，成为音乐出版业收入的最大来源，占比达到 51.4%，付费流媒体用户数量达到 2260 万人，流媒体播放超过 4320 亿次。与永久下载相比，流媒体订阅使用户可以随时收听更多的曲目，也便于社交分享。

个性化推荐是流媒体音乐服务差异化的关键。多家流媒体音乐服务商在价格、曲目、音质上没有显著差别，而个性化推荐和独家内容是主要的差异点。丰富的音乐内容不再是衡量音乐平台的重要指标，如何帮助用户快速找到自己喜欢的音乐成为关键。声田将数据算法和人工结合，准确把握用户喜好，帮助用户发现新音乐。声田的音乐编辑会手动创建不同风格、不同主题的歌单，以便在不同的时间推送给不同的用户。

声田于 2015 年推出 Discover Weekly，每周向用户推荐 30 首歌曲，这成为声田最著名的功能。到 2016 年 5 月，Discover Weekly 已收获了 4000 万用户，累计播放了 50 亿首歌曲。超过一半的用户每周至少听 30 首歌曲中的 10 首，超过一半的用户将至少一首歌曲保存到自己的播放列表中。Discover Weekly 时常给用户带来惊喜，使用户发现自己之前不了解但一听就入迷的音乐，一些小众艺人得以被用户发现。鉴于 Discover Weekly 的成功，声田随后又推出了 Release Radar、Daily Mix、Fresh Finds 和 Spotify Running 等功能，从不同角度为用户推荐音乐。

个性化推荐使声田获得了较高的用户黏性。根据 Verto Analytics 的数据，在排名前 10 的音乐平台中，声田的用户黏性（用户黏性=平均每日用户数量/每月用户数量）是最高的，达到 25%。除此之外，用户每月平均使用该平台 51 次，远远高于第二位 Amazon Music 的 27 次。

声田历史上多次小规模收购也都是围绕个性化推荐进行的，具体如下。

▶ Niland：位于巴黎的初创公司。不同于一般的音乐推荐，该公司使用人工智能技术，通过对音乐乐谱进行分析，寻找相似的音乐并推荐给用户。此项技术能更有效地将新推出的音乐推荐给特定用户。因为新推出的音乐缺少有关用户收听习惯的数据，常规的音乐推荐方式不能准确地将其推送给特定用户，影响用户体验。

▶ MigthyTV：于 2016 年 4 月成立，总部位于纽约。MigthyTV 借助机器学习算法，结合用户个人偏好信息和用户评论，通过数据分析，为用户推荐影单。另外，MigthyTV 还通过电子邮件和脸书，为用户推荐适合多人观看的影单。

▶ Sonalytic：于 2016 年成立，主要致力于开发音频识别技术，可以识别歌曲、混合内容和音频片段。通过对音频的分析，Sonalytic 还可以识别音乐衍生品中的音乐要素和音乐信息。Sonalytic 还开发了一种能够进行自主学习的音乐推荐技术，与普通的音乐推荐技术不同，该技术能够根据用户的文字和动作反馈、所处的环境（健身或旅游等）及听歌习惯找到他们喜欢的歌曲。

11.1.3　知你心意的服装

垂衣主要为 25～40 岁的中高端男性消费群体提供服装订阅服务，用户只需支付订阅费，即可定期收到由平台为其挑选的个性化服装。

基本流程如下。

（1）成为会员。

用户支付 299 元会员费即可成为会员，在完成简单的风格测试后，平台会为其匹配理型师（专业着装顾问），用户可享受由平台提供的每年至少 4 次的服装推荐服务，以及获得理型师的一对一专业理型建议。

（2）收取"垂衣盒子"。

在每次服务前，平台提前 7 天与用户沟通以确认其穿搭需求，然后准备"垂衣盒子"（其中共有 6 套服装，总价值约为 4000 元，既有几百元的平价品牌，也有数千元的高端品牌），在用户支付 500 元定金后，平台将"垂衣盒子"寄给用户。

（3）在家试穿、支付。

用户在收到盒子后，有 7 天时间逐一试穿，留下喜欢的服装并付款，其余免费退回（盒子中含有退货快递单，用户可直接与顺丰快递预约上门取件）。

现阶段，垂衣的用户在初次试穿后的全退率约为 30%，大部分用户都会在第二次收到服装后进行购买。目前来看，单个盒子的推荐购买率为 55%，用户的季度复购率从 30% 提升到了 60%～70%。

11.2　猜你喜欢的推荐引擎

个性化推荐引擎能够根据用户的特征和偏好，通过采集、分析用户在端上的历史行为，了解用户是什么样的人、行为偏好是什么、分享了什么内容、产生了哪些互动反馈等，最终理解和得出符合平台规则的用户特征和偏好，从而向用户推荐感兴趣的信息和商品。

11.2.1　个性化推荐的 5 个要素

个性化涉及 5 个要素：生产者、内容、消费平台、消费者、反馈。生产者生产内容并发布到消费平台中，消费平台基于一定的规则将内容组织起来，消费者在消费平台中使用该内容的行为会形成反馈。

（1）生产者：可以是用户，也可是专业人士。用户生产：如各大论坛、博客和微博站点，其内容均由用户自行创作，管理人员只负责协调和维护秩序；专业人士生产：如各大新闻站点、视频网站，其内容为内部自行创作或从外部花钱购买版权。

（2）内容：由生产者生产，个性化以内容为根本基础，此为本质。

（3）消费平台：提供内容以供消费者访问的平台，如网站、应用等。

（4）消费者：进入平台寻找内容的访问用户。

（5）反馈：消费者在消费平台中与内容的互动行为，如在网易新闻中，用户单击某条新闻并阅读详细内容时，便形成了一则反馈。其单击某个顶部导航标签、添加或删除某个频道、收藏或分享某篇文章及重复单击某篇文章等行为都可以看作反馈。而网易新闻可以根据这些反馈，通过技术方法建立该用户的常规兴趣模型及近期兴趣模型；然后应用该模型进行试错，根据行为方差再进行调整，促使该模型不断改进，从而越来越接近用户的真实偏好。

11.2.2　网易云音乐的推荐算法

在音乐类应用已经步入红海市场时，网易云音乐却能脱颖而出，在两年半的时间里突破一亿用户，这其中，其个性化推荐技术发挥了重要作用。公众号"机器互能"对此进行了详细剖析。

1．协同过滤算法"人以群分"

实际上，网易云音乐的个性化推荐算法与今日头条、Bilibili 及很多 O2O 电商平台应用的基础推荐算法大同小异，都属于协同过滤算法。简单来说，该算法的预测基于人与人之间相似的消费模式。例如，我有两首喜欢的歌，而你的歌单里也有这两首歌，所以你的歌单里可能存在其他我喜欢的歌。

协同过滤算法可以分为两类：基于用户的协同过滤算法与基于项目（单曲）的协同过滤算法。

（1）基于用户的协同过滤算法。

基于用户的协同过滤算法示意如图 11-2-1 所示。

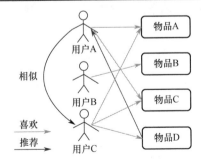

用户/物品	物品A	物品B	物品C	物品D
用户A	√	—	√	推荐
用户B	—	√	—	—
用户C	√	—	√	√

资料来源：公众号"数据挖掘工人"。

图 11-2-1　基于用户的协同过滤算法示意

163

举例来说，假设我与小明收藏的歌单相似度很高，那么在判断我们偏好相似的基础上，可以向小明推荐我的歌单里有但她的歌单里没有的歌曲。

（2）基于项目（单曲）的协同过滤算法。

基于项目的协同过滤算法示意图如图 11-2-2 所示。

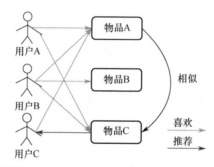

资料来源：公众号"数据挖掘工人"。

图 11-2-2 基于项目的协同过滤算法示意

基于项目的推荐就是基于用户对一首歌的偏好来计算单曲之间的相似度，在比对相似度的基础上，根据一位用户的历史偏好为另一位用户推荐单曲。举例来说，小歆下载了《勇气》《小情歌》两首单曲，小宜下载了《勇气》《天黑黑》《小情歌》三首单曲，小艺下载了《勇气》，那么根据这些用户的历史偏好，网易云音乐可以判断《勇气》与《小情歌》是相似的，喜欢《勇气》的用户可能也会喜欢《小情歌》，那么就可以把《小情歌》推荐给小艺。

如果你仍然觉得对协同过滤算法理解困难，那么可以将其简单理解为"人以群分"。这种本质上基于用户偏好相似度的推荐模型，在无形中让用户在听音乐的过程中组成了一个个"彼此聊得来"的社群。

2. 神经网络模型下的"物以类聚"

协同过滤算法离不开用户历史数据的支撑。在数据量庞大且数据足够干净的情况下，协同过滤算法是非常强大的。但是，假如我是一个新用户，或者我使用网易云音乐的频率特别低，那么，在数据稀少的情况下，网易云音乐应该怎么获知我的偏好呢？这种冷启动问题意味着交叉使用不同算法模型的必然性，而下面介绍的算法能在一定程度上解决这个问题。

基于内容的推荐是以区分单曲内容实质为核心的推荐方式，可看作"物以类聚"。

著名音乐流媒体平台声田的内容推荐模型的建立者之一桑德尔，曾在一篇名为《卷积神经网络在音乐推荐中的应用》的文章中具体阐述了使用单一协同过滤算法可能存在的误差。

·（1）除用户及消费模式信息外，协同过滤算法不涉及被推荐单曲本身的任何信息。因此，热门音乐就比冷门音乐更容易得到推荐，因为前者拥有更多的数据，而这种推荐往往是很难让人感到惊喜的。

（2）基于项目（单曲）的协同过滤算法存在相似使用模式下的内容异质问题。例如，用户听了一张新专辑里所有的歌，但除了主打歌，其他的插曲、翻唱曲及混音曲可能都不是歌手的典型作品，那么协同过滤算法就会因为这些噪声而产生偏差。当然，它最大的问题是"没有数据，一切皆失效"。

因此，基于内容的推荐算法是对协同过滤算法的一种补充——假如没有大量的用户数据，或者用户想听冷门歌曲，那就只能从音乐本身寻找解决方案了。网易云音乐针对这类问题采取了基于内容的推荐算法，利用深度学习建立基于音频的推荐模型。

如果要找出单曲与单曲之间的内容差异，维度是非常多的，如艺术家及专辑信息、歌词、音乐本身的旋律及节奏、评论区里的留言、是否是 VIP 下载歌曲、是否付费等，这涉及相当庞大的计算量。

因此，需要通过特征 Embedding 和降维方法，将大量特征映射到低维的隐变量空间中，在这个空间里，每首歌都可以有一个坐标，而坐标值就是包括音频特征、用户偏好在内的多重编码信息。那么，如果我们直接预测了一首歌在这个低维空间中的准确位置，也就明确了这首歌的表征（包括用户偏好信息）。这样就能够把它推荐给合适的听众，并且不需要历史数据。

网易云音乐同时也应用了机器学习排序模型，这种模型也基于用户行为数据与相似度。通俗来讲，就是在用户的每日推荐歌单里，第一首歌通常是系统认为与用户的喜好匹配度最高的一首。

11.3　大规模定制生产

大规模定制的概念已经存在了很长时间，近年来，技术进步和管理创新等因素让大规模定制逐渐落地并普及起来。

11.3.1　不可能三角

大规模定制希望将大规模生产和个性化定制两者的优点结合起来，但这一想法在现实面前遇到了巨大的挑战，因为大批量、低成本、个性化三者很难兼得，构成一个"不可能三角"。如果要实现大批量、低成本，一般来说就要标准化；如果要实现大批量、个性化，成本就会急剧提升，没有吸引人的效益；如果既要保证个性化又要保持低成本，通常无法实现大规模生产，只能少量生产，无法满足市场需求，也不划算。

大规模定制的愿景如图 11-3-1 所示。

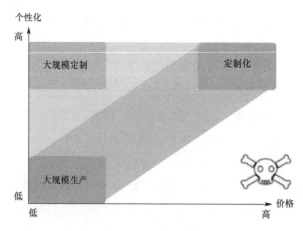

图 11-3-1　大规模定制的愿景

大规模定制旨在实现低价格和高个性化的第三个角落，许多企业已经以接近大规模生产的价格实现了高水平的定制。第四个角落是企业的灭亡。如果产品的个性化程度和价格比竞争对手低，那么企业要想拥有良好的商业模式将非常困难，除非拥有其他重要优势（如质量、品牌形象、垄断等），否则企业最终将会走向灭亡。

大规模定制面临的问题主要有以下几点。

（1）成本较高：大规模定制面临的最大挑战可能是它不适合所有市场、客户和产品，如大多数客户对定制灯泡或洗涤剂并不感兴趣。此外，定制产品的成本更高，导致其价格也要相应提高，例如，某常规产品的售价约为 35 美元，而相应的定制产品的售价约为 54 美元。

（2）经济效益不佳：如果考虑收益，那么对大多数商业类型而言，大规模定制不是经济上的可行选择，其更适用于高端奢侈品，如高端服装和汽车等。

（3）退货挑战：大规模定制也会在产品退回时给制造商带来很多问题。因为产品是根据客户的独特喜好生产的，是独一无二的。因此，大多数提供定制服务的公司没有任何退货政策或只在特定的情况下承担退货损失。

（4）供应链挑战：大规模定制面临的最大障碍是大多数企业的供应链无法满足需求。供应商系统大多是经过设计和优化的，用于生产预先安排好的产品，无法满足不可预见的需求。许多企业甚至没有集成最新的供应链管理程序，如即时库存和自动化计划，这导致大规模定制的灵活性较低。当前商业世界中的供应链基于推模型，而与大规模定制相关的供应链基于拉模型，只有当企业在大规模定制和大规模生产之间妥协以创建标准产品并以可以在未来定制的方式对其进行配置时，才能解决这种供应链问题。对大多数企业而言，在供应链问题无法解决时，大规模定制在经济上是不可行的。

这意味着大多数企业只能部分实施大规模定制，但低程度的个性化也可以为制造商提供一定优势。

11.3.2　技术基础

技术的不断进步使不可能三角成为过去式。通过人工智能、混合现实、3D打印等技术，制造商可以实时响应客户需求，满足大规模定制的需要。

伦敦男士定制鞋履品牌 The Left Shoe Company 运用 3D 扫描技术来定制男鞋。顾客在踏上 3D 扫描仪后，3D 扫描仪从各角度测量双脚参数，然后创建高度精确的 360 度 3D 模型。公司根据 3D 模型和相关数据来"量脚定做"最适合顾客的鞋子，顾客只要指定造型、颜色和材质即可。这种方式让尺寸测量更为精准，打造出的鞋子更加合脚。

为了满足用户对车型外观的个性化需求，日本丰田旗下大发汽车与美国 Stratasys 合作，推出了车身部件 3D 打印服务，可以对大发旗下 Copen 车型进行部件定制。这种打印出来的汽车部件称为"效应皮肤"，用户可以根据自己的喜好，对爱车进行 10 种颜色、15 种几何形状的定制。当然，组合搭配也是可以的。这要归功于 3D 打印的灵活性，与传统技术相比，3D 打印部件所需的时间仅为几周，而常规制造方式则需要几个月。

耐克早在 2013 年就开发出一款称为"蒸汽激光爪"的 3D 打印运动鞋。2018 年 4 月，耐克推出新款 Nike Zoom Vaporfly Elite 运动鞋，首次将 3D 打印织物技术运用于功能性运动鞋。

11.3.3 四种类型

大规模定制有四种基本方法：合作型定制（Collaborative Customization）、透明型定制（Transparent Customization）、装饰型定制（Cosmetic Customization）和适应型定制（Adaptive Customization）。

（1）合作型定制是指定制企业通过与客户交流，帮助客户明确自身需求，准确设计并制造出能够满足客户需求的个性化产品。

（2）透明型定制是指企业为客户提供定制化的商品或服务，而客户并不会清楚地意识到这些产品和服务是为其定制的，也就是说，客户并没有参与商品的设计过程。这种定制方式适用于定制企业能够预测或简单推断出客户具体需求的情况。

（3）装饰型定制是指企业以不同的包装把同样的产品提供给不同的客户。这种定制方式适用于客户对产品本身无特殊要求，但对包装有特定要求的情况。

（4）适应型定制是指企业提供标准化的产品，但产品是可定制的，客户可根据自身需求对产品进行调整。

11.4　案例研究：Stitch Fix

美国 Stitch Fix 以优惠的价格，为用户提供个性化的造型建议，每月为用户精心挑选五件服饰并送货上门（每次送货称为一个"Fix"）。顾客须支付 20 美元的造型费，如果决定购买其中任何一件服饰，这 20 美元可以抵扣相应费用，而如果五件都买，还可以打七五折。

Stitch Fix 的创立人 Katrina Lake 不仅拥有丰富的零售知识，还在斯坦福大学积累了有关回归分析和计量经济的知识。她认为，某个人是否喜欢某件服饰，会受到一些客观因素和一些非客观因素的影响，而她用下述方法，将所有因素整合成一个极具创新性、由科技推动的大规模个性化生态系统。

（1）通过有意义的管理策划降低复杂度。

就像许多个性化流媒体服务一样，Stitch Fix 的推荐服务也会随着顾客使用次数的增多而越来越好。通过演算法，先给出建议供造型师参考，造型师再利用自己的个人经验和知识，为顾客提供造型建议，最后反映到精选的五件服饰上。而随着顾客购买次数增加、顾客反馈增多，之后的服饰会越来越符合顾客需求。

（2）结合演算法与人的判断。

Katrina Lake 认为，Stitch Fix 的定制模式之所以能成功，主要归功于基于资讯的演算法，以及演算法背后的资料科学家。

Katrina Lake 聘用了数据科学家 Eric Colson 担任首席分析官，Eric Colson 曾任职于奈飞。Katrina Lake 表示："Eric Colson 是独一无二的。"Eric Colson 说："我们要做的不是销售，而是找出关联性。"换句话说，要先让顾客从 Stitch Fix 得到价值，之后 Stitch Fix 才能从顾客那里得到价值。

同时，如果顾客表示想要尝试新风格，造型师就可以跳出这位顾客平常的服装舒适圈，利用新的风格和设计，进一步为这位顾客量身打造定制化选项。

（3）注意未成交的交易。

如果顾客没有购买 Stitch Fix 为其精心挑选的任何一件服饰，Stitch Fix 会通过调查等方式了解原因。Katrina Lake 表示："真的没有想到顾客愿意向造型师提供这么多信息。"他们提供的不仅是"我讨厌条纹"或"我穿蓝色不好看"之类的信息，而是全然坦诚的信息，如减重的历程，甚至在通知家人之前，先告诉造型师自己怀孕的消息。Katrina Lake 认为，顾客愿意提供这些资料，Stitch Fix 就有责任好好运用，让下一次的 Fix 更符合顾客需求。

（4）建立完整的生态系统。

除了服务顾客，Stitch Fix 还进一步改变商业模式，关照另一个没有获得足够关注的客户群——造型师。Katrina Lake 发现，许多造型师都希望工作时间更具弹性，也希望能远程上班。于是 Katrina Lake 创造出这样的环境，从而让造型师尽情发挥自己的才能。工作时间和上班地点都是弹性的，因此 Stitch Fix 有更多人才可供挑选，能找出最佳的造型师。Katrina Lake 以这种方式来满足造型师的需求，因此得以创造出更完整的生态系统，有助于公司持续成长。

随着定制化需求的增加，订阅企业必须平衡艺术与科学、主观与客观（加上足够的人情味，让顾客感觉得到了照顾），设法扩大定制化规模。

第 12 章

跨过中间商，直面消费者

如今，新一代具有颠覆性的企业——直接面向消费者的创业企业出现了。他们从一开始就自己生产产品、自己投放广告、自己销售和运输产品，把分销商、广告商等中间商排除在外。

2017 年 2 月，美国鞋店销售额下降 5.2%，创下自 2009 年以来最大幅度的同比下滑。经营平价鞋的 Payless ShoeSource 在 2017 年 4 月宣布破产，关闭了其在全美范围内的 1200 家门店。与此同时，直接面向消费者的鞋类新品牌 Allbirds（收入为 1600 万美元）、Jack Erwin（收入为 600 万美元）和 M.Gemi（收入为 900 万美元）在五年内获得了近 15 个百分点的市场份额。另外，吉列在美国男士剃须刀市场中的份额从 2010 年的 70% 降至 2016 年的 54%，其中大部分份额转移至 Dollar Shave Club、Harry's 等直接面向消费者的订阅企业。

2010 年，四个学生在沃顿商学院认识，他们成立了一家公司 Warby Parker，直接引发了一场创业革命。其基本逻辑：在网上直接面向消费者销售眼镜。当时很少有人认为这种想法行得通，2018 年 3 月，Warby Parker 的估值已经达到了 17.5 亿美元，它的创立故事已经成为沃顿商学院的一个传奇。Warby Parker 联合创始人 Neil Blumenthal 和 Dave Gilboa 经常在沃顿商学院做客座演讲，Warby Parker 的第三位联合创始人 Jeff Raider 也是如此，他后来参与了剃须刀订阅品牌 Harry's 的孵化。

国外将这种运营方式称为 DTC 模式。DTC 是 Direct To Consumer 的缩写，意为"直面消费者"，即品牌方直接触及消费者。我们用更"接地气"的话来讲，就是"没有中间商赚差价"。而这个中间商就是传统的第三方销售渠道，包括零售商、批发商、分销商及广告商。

传统品牌并不直接面向消费者，而是通过中间的相关广告机构与渠道影响消费者的购物行为。1879—2010 年是传统品牌时代：品牌需要拥有财务、采购、研发、制造、物流、配送等能力，与代理商、媒体、消费者、零售商一起构成完整的产品销售闭环，如图 12-1 所示。

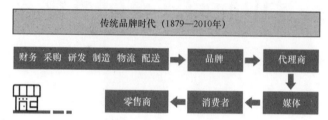

资料来源：IAB《2019 DTC 品牌报告》。

图 12-1 传统品牌时代

DTC 品牌则砍掉了中间的层层环节，直接和消费者接触，最大限度地减少中间环节和降低中间成本，给消费者更优质的产品和更实惠的价格。2010 年之后，市场进入 DTC 品牌时代，DTC 品牌崛起，产品研发、内容营销、用户体验、数据分析成为品牌在初创期和发展期中至关重要的环节。DTC 品牌时代如图 12-2 所示。

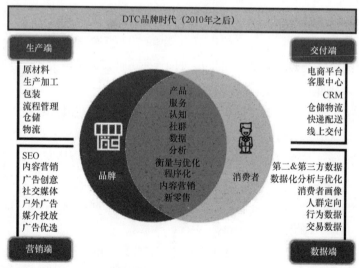

资料来源：IAB《2019 DTC 品牌报告》。

图 12-2 DTC 品牌时代

DTC 品牌和传统品牌在销售路径、传播渠道、价格、品牌信任度、品牌发展时间等方面都有区别，具体如表 12-1 所示。

表 12-1　DTC 品牌和传统品牌的区别

品　牌	DTC 品牌	传统品牌
销售路径	以互联网官网直销为主	以经销商与零售门店为主
传播渠道	垂直媒体/社交媒体 （互动沟通，精准小众）	大众媒体/明星代言 （单向传播，受众广泛）
价格	经济（节约中间成本）	昂贵（大量的中间成本）
品牌信任度	高	逐年降低
品牌发展时间	快速	缓慢

资料来源：IAB《2019 DTC 品牌报告》。

12.1　DTC 品牌特点

（1）产品设计策略：少即是多，简约而不简单。

床垫 DTC 品牌 Casper 认为，市场上的床垫品牌数量多、产品价格混乱，众多的产品使消费者无从选择。因此其只提供一种床垫，在设计、包装等方面贴合绝大多数人的使用习惯，并告诉消费者："这是最好的，你无须选择。"

（2）注重用户体验：端对端服务，重视每一个用户触点。

端对端（End to End）的概念来自计算机行业，意为从输入端（需求端）到输出端（产品端）的精准直连。很多 DTC 品牌在创立之初就意识到，需要通过差异化的服务来提高用户触达率。

Warby Parker 了解到人们不喜欢购买无法试戴的眼镜，于是便让用户挑选 5 副眼镜，在试戴后留下最喜欢的那副。

Glossier 为用户提供了肤色匹配器，用户上传一张照片并将数码棒放到脸上，这款工具就会告诉用户哪种颜色最适合自己的肤色。与大型百货商店里的零售柜台相比，在线肤色匹配器的创建和维护更加容易，成本也更低。

（3）平价替代大法：价格透明，采取低价策略，去除非必要溢价。

Deciem 旗下有数十个品牌，其中最具代表性的品牌有三个：Niod、Hylamide

和 The Ordinary，分别对应不同的价格段和产品痛点。例如，The Ordinary 对应的是"低端"配方和"基础"成分，因为其大部分产品使用价格低廉但成效显著的原料（如维 C、维 A 醇和烟酰胺），可以保证较低的价位。

服装 DTC 品牌 Everlane 在创立之初就设计了一张成本信息图（见图 12-1-1），直接通过社交媒体告诉消费者，品牌制作一件设计师 T 恤包含哪些"实际成本"。这一帖子在社交媒体迅速走红，不仅树立了"完全透明"的 Everlane 品牌形象，还推动了该公司第一款产品的销售。根据 Business Insider 的报道，社交媒体活动在一年内为 Everlane 吸引了 20 万用户。

资料来源：IAB《2019 DTC 品牌报告》。

图 12-1-1　Everlane 的成本信息

12.2　DTC 品牌优势

对消费者来说，直接向品牌商购买产品，既能确保正品，又能享受快速的售后服务。

12.2.1　更多的控制，更好的购物体验

根据 Gartner 的报告，客户体验是新的营销战场。DTC 领域的公司需要意

识到，客户不仅有多种购买选择，还有多种渠道可以表达自己的购物感受。客户体验涉及所有的品牌互动，包括售前和售后服务。因此，对客户体验的投资隐藏在其他所有类别的支出当中。

关注用户体验是市场趋势，DTC 品牌顺应趋势，拉近了与消费者的距离，生产商能够直接获得消费者的喜好数据及其提供的建议，从而可以更好地改良产品。相较于传统品牌，生产商与消费者的直接对话基于对用户体验的关注，这是一个双赢的长远战略，在免费试用、产品改良及包装体验上都比以往更加用心。

（1）免费试用。

DTC 品牌的生产商给消费者提供免费试用的机会，试用时间一般为一周，甚至更长。这能给消费者足够的时间去体验产品，是提高用户黏性的加分项。

（2）产品改良。

在产品改良方面，DTC 品牌采用"低价+高质量"的组合，通过减少中间环节，利用节省的成本来提高产品质量，出售的价格也相对较低。性价比永远是消费者最关注的点，商家为追求低价而偷工减料的做法并不少见，但这种做法可以说是把自己逼进一个"死胡同"里，即使日后产品质量有所改善也无法获得消费者的信任。通过 DTC 销售渠道，消费环节设有评论板块，一方面，能让生产商更好地了解消费者的需求，从而在质量方面发力，提高用户黏性；另一方面，生产商能够依靠口碑，吸引新的用户群体，扩大消费规模。

（3）包装体验。

DTC 品牌的生产商在包装上也花了不少心思，他们从消费者的角度出发，认为消费者不仅在意产品本身，对产品包装也十分关注，在强大的社交媒体背景下，消费者可能会在自己收到产品时"秀"一下。生产商抓住消费者这一心理，赋予产品包装以设计感，有的生产商甚至提供装饰品，让消费者装饰自己的产品，亲自动手更有体验感。

直接面向消费者的品牌可以更好地满足客户需求，因为他们可以在一定程度上控制客户体验。通过直接向消费者销售，DTC 品牌可以按照自己的想法创造"客户之旅"，创造独具特色的购物体验，这能够帮助客户感受与品牌的联系，从而提高客户忠诚度。

Ollie 是一家狗粮公司，通过向用户进行问卷调查获得有关用户的狗的所有信息。Ollie 有一个简单的用户入门流程，在用户说出狗的名字时，使用俏皮的动画来表明公司对狗和它的健康情况的关心。

DTC 品牌了解客户满意度的终生价值，尽力建立客户友好、人性化的客户体验。

12.2.2　累积用户数据，实现差异化竞争

产品在不同渠道中的退货率不同，通过品牌独立网站上的购物数据，商家可以了解消费者为什么退货，利用这些数据对产品进行改进，可以在降低退货率的同时提高运营利润。另外，通过对用户购物数据进行分析，商家可以实现差异化优势，如在质量、风格、价值、便利性或其他方面形成显著的差异化。

直接面向消费者的销售模式能够收集到大量的消费者数据，这使得学习客户行为、跟踪客户响应及有针对性地开发潜在客户变得非常简单。

DTC 模式还可以更好地理解客户。在传统零售模式中，消费者数据通常由零售商和分销商进行收集和保护。消费者行为数据对传统品牌来说不是必需的，但随着品牌向 DTC 模式的转变，这些数据已经成为创造良好客户体验的必要条件。为了与客户保持战略联系，品牌必须对客户的购买行为有深刻的理解。

由于 DTC 公司可以控制客户体验，因此他们能够从在线和离线交互中收集有价值的数据。然后，他们可以利用这些数据来了解非 DTC 公司无法以何种方式推动参与度和收入的提升。

Warby Parker 希望帮助客户找到自己最喜欢的镜框，其向客户发送 Home Try-On 套件，客户在购买之前可以获得五个免费镜框。Warby Parker 通过 Home Try-On 计划收集离线数据，并将收集到的数据与后续在线购买数据相关联，从而构建更好的在线推荐工具。

"灵活的环境、机器学习算法、数据等都是我们可以分享的东西。"Warby Parker 联合创始人 Neil Blumenthal 说。"DTC 品牌建立在数据的基础之上，以

此创建高度量身定制、功能强大的解决方案。" Forrester 的副总裁兼首席分析师 Dipanjan Chatterjee 表示。

当然，收集数据只是"战斗"的一半。公司必须整合所有渠道的数据，以全面挖掘深度信息并改善客户体验。

12.2.3　直接沟通，获得更快的反馈

通过零售商进行销售的一个主要缺陷是，生产商失去了一个重要的了解客户的窗口。在通过百货商店进行销售时，需要品牌预先生产大量产品，或许要在几个月或几年之后才会发现销售情况不佳。去除中间环节可以获得即时反馈和数据宝库，这对于创造好的产品至关重要。

在线零售商 DSTLD Jeans 通过销售数据了解到，黑色紧身牛仔裤在较小尺码下的销售情况较好，而直腿款式则适用于较大尺码，从而据此调整了生产计划。另外，在线服装品牌 AYR 和 Bonobos 经营了充当"测试厨房"的商店，客户可以直接向设计师提供有关新产品的反馈，而传统零售模式则缺少这种关键环节。

直接面向消费者的销售允许企业与客户分享自己的品牌故事，以便与客户建立更好的关系。通过这些客户关系，企业可以提出更具针对性的价值主张。企业与客户之间的直接联系有助于建立零售商模式无法实现的信任和熟悉度。

实现这一目标的唯一方法是从销售周期的开始到结束始终保持对消费者体验的控制。这就是为什么许多初创公司和一些传统品牌要拥有自己的销售渠道。通过直接向消费者销售，这些企业能够更好地满足客户需求并与客户建立良好的关系，有助于确保企业未来的稳定性和长久性。

12.3　DTC 品牌崛起原因

DTC 品牌的成长受诸多因素的影响，如消费者消费习惯、社交媒体营销

策略等，大量新品牌在消费品这个传统意义上成长速度相对较慢的赛道上，成长速度堪比科技公司。

12.3.1　年轻消费者的推动

首先，互联网的发展带来了信息传播渠道的革命性转变。年轻消费者获取信息的方式，从之前的广播、电视、报纸等传统媒介，全面向互联网、搜索引擎、视频网站、社交媒体转变。年轻消费者对品牌相关信息的获取，也从其父辈相信的大媒体、明星代言、品牌广告等，向更加去中心化的社交媒体的内容、来自其他普通消费者的意见、网络意见领袖的意见等快速转变。因此，相对于依赖传统媒体渠道进行营销的传统品牌，互联网原生的 DTC 品牌能更好地把握年轻消费者的信息获取渠道。

其次，欧美的年轻消费者更加重视个性化与个人体验，他们成长于商品十分丰富的时代，有非常多的选择。社交媒体的兴起给了年轻消费者充分的追求个性和自我表达的机会，他们对权威与集体主义具有一定的排斥性。他们对品牌的关注，更多的不是品牌是否大牌，而是产品是否符合自己的个性化需求，以及产品能否给自己带来了良好的个人体验。

最后，从经济角度来看，以千禧一代为代表的年轻消费者相对来说"囊中羞涩"。如在 2000 年互联网经济泡沫破灭以后，美国的经济就长期处于低增长阶段。因此，年轻消费者在商品选择上更加务实，也更加注重商品的实用性、品质和经济性。

总体来说，年轻消费者将个人体验、产品品质和价格放在品牌知名度之前，这也是 DTC 品牌兴起最重要的"土壤"。

12.3.2　相当完善的第三方服务

无论是在需求链中还是在供应链中，技术都能降低新市场的进入门槛。新进入者比以往任何时候都速度更快、成本更低，可以品牌化、营销和分销趋势产品，这些趋势产品能够与潜力巨大的客户群产生共鸣。

推动 DTC 发展的另一个关键因素是电子商务第三方服务的完善，这意味着企业可以非常简单地创建直接面向消费者的在线商店，很多环节都可以交给第三方来完成。以前即使企业有建立 DTC 的想法，也很难落实。而现在，有了这些第三方服务的支持，企业能够以极低的成本快速建立 DTC 模式。

（1）物流服务：我们已经可以看到一些适合 DTC 品牌的物流服务，如允许企业以低销量开始国际销售业务。柏林的 Seven Senders 就是一个很好的例子。

（2）包装服务：已经有一些围绕包装进行创新的企业，以较小的批量生产高质量的定制包装。一个很好的例子是波兰的 Packhelp。

（3）聚合平台：这是一个横向功能。Indigo Fair 聚合 DTC 品牌，致力于改变零售商采购商品的方式。

（4）营销服务：这对于 DTC 品牌的崛起非常关键，已经有很多专门的第三方营销服务机构针对 DTC 品牌提供服务。同时，脸书、谷歌等互联网广告平台也非常适合采用 DTC 模式，因为广告投放非常精准，并且起点很低。

（5）代工生产：许多 DTC 品牌使用与大众品牌甚至奢侈品牌相同的代工厂，这并不是秘密。由于有众多的化妆品代工厂，很多 DTC 品牌只需专注品牌和研发就可以了，然后把具体的生产制造业务外包给代工厂。

12.3.3　互联网的大规模连接

社交媒体也是 DTC 品牌成长背后的关键力量。社交媒体的作用在于，其为公司创造了与消费者直接联系的机会。微博、微信、YouTube、抖音等社交平台让品牌可以大范围直接、低成本地接触消费者。品牌可以创建跨渠道体验，通过独特内容吸引消费者，提高消费者对品牌的认知度、忠诚度。

Casper 是一家新兴的床垫公司，是典型的 DTC 品牌。在 Instagram 和 Twitter 上，你可以找到大量与 Casper 产品相关的图像、动图和视频。Kylie Jenner 于 2015 年 3 月发布了她的新 Casper 床垫的照片，之后她收到了超过 80 万的"喜欢"，并且使 Casper 的床垫销量翻了一番。

第 **13** 章

趋势展望

订阅企业的进化速度很快，订阅模式的各方面都在不断创新，人工智能技术在订阅企业中的应用，深刻改变了订阅企业的运营流程。各细分领域都开始出现订阅创业企业，那么，哪些领域适合采用订阅模式？垂直型订阅企业相对于平台型企业有哪些优势？本章将从垂直细分、全球化、人工智能这三个维度对订阅经济的趋势进行展望。

13.1 垂直细分

2004 年 10 月，美国《连线》杂志主编克里斯·安德森提出了于网络时代兴起的一种新理论——长尾理论。长尾理论的核心观点：传播、生产和营销中的效率提高可以改变固有的商业模式，从规模化经济（品种越少，成本越低）逐渐转变为范围经济（品种越多，成本越低）。低价便捷的生产制造、互联网中的大规模传播、搜索与推荐系统等供需连接机制，这三种力量共同作用，大大降低了获得利基产品的成本，订阅的长尾市场形成。

订阅企业可以经营多品种的产品，也可以进入细分市场经营单品种、多类型的产品。不管是多品种的产品还是单品种、多类型的产品，都可以在一定条件下形成长尾市场，构造出一个长尾曲线。越来越多的垂直细分订阅企业的出现正是长尾理论的生动写照，这是由需求曲线尾部的大量小众需求驱动的。

下面以剃须刀和视频流媒体为例进行分析。

13.1.1 剃须刀

在 Dollar Shave Club 诞生后不久，各式各样的剃须刀订阅服务都"冒"出来了。据不完全统计，目前已有 30 多种服务，如表 13-1-1 所示。

表 13-1-1 剃须刀订阅企业不完全统计

序　号	企业名称
1	Harry's
2	Dollar Shave Club
3	Bevel
4	BirchBox Man
5	Billie
6	Morgan's
7	Wet Shave Club
8	Happy Legs Club
9	Toppbox
10	Gillette Shave Club
11	BIC Shave Club
12	Cornerstone
13	Dorco
14	Bearded Colonel
15	The Personal Barber
16	茬狗
17	The Beard Club
18	Bladebox
19	Luxury Barber Box
20	Brickell
21	Viking Shave Club
22	Shave Select
23	Luxury Barbe
24	Oui Shave
25	Flamingo
26	Dorco Classic
27	Huntsman Club

（续表）

序号	企业名称
28	Women's Shave Club
29	Supply
30	KC Shave Co
31	Angel Shave Club
32	Shaves2U

这些剃须刀订阅服务提供的产品种类多样、价格不一，分别面向不同的人群和市场，具有各自的独特优势。

根据价格，剃须刀订阅可以分为大众、中端、高端三个细分市场。例如，Dollar Shave Club 价格非常亲民，入门级试用套装的价格仅为 5 美元，包含刀片（2 个）、剃须刀手柄、剃须黄油等；Oui Shave 则比较高端，仅一个刀片就需要 9.9 美元，一个剃须刀手柄需要 75 美元。部分剃须刀订阅企业的订阅价格如表 13-1-2 所示。

表 13-1-2　部分剃须刀订阅企业的订阅价格

序　号	企业名称	订阅价格
1	Harry's	8～24 美元/月
2	Dollar Shave Club	5～9 美元/月
3	Bevel	29.95 美元/月
4	BirchBox Man	10 美元/月
5	Billie	9 美元（入门套装）
6	Morgan's	8～80 美元/月
7	Wet Shave Club	29.99 美元/月
8	Happy Legs Club	12 美元/月
9	Toppbox	19 英镑（加运费 3.35 英镑）/月
10	Gillette Shave Club	16.99～22.45 美元/月
11	Cornerstone	10 英镑/月
12	苷狗	150 元/年
13	The Beard Club	1 美元/月（另加运费）
14	Bladebox	4.49 英镑/月
15	Luxury Barber Box	26～30 美元/月
16	Brickell	21～46 美元/月
17	Women's Shave Club	1.99～9.99 美元/月
18	Supply	129 美元/6 个月
19	KC Shave Co	59.95 美元/月
20	Angel Shave Club	9 美元（入门套装）
21	Shaves2U	40 港币/月

还有一些企业根据性别、皮肤类型等提供不同的剃须刀订阅服务，如表 13-1-3
所示。

表 13-1-3　细分领域的剃须刀订阅企业

序　号	企业名称	用户群
1	Oui Shave	皮肤敏感、毛发较粗者
2	Brickell	皮肤敏感者
3	Harry's	男士
4	Dollar Shave Club	男士
5	BirchBox Man	男士
6	Billie	女士
7	Happy Legs Club	女士
8	Flamingo	女士
9	Women's Shave Club	女士
10	Angel Shave Club	女士

Harry's 专注于服务男性用户，Flamingo 是 Harry's 旗下 Labs 孵化的产品
线，专门面向女性用户。

Flamingo 的产品包括一种软胶脱毛条，用于去除传统脱毛产品"力不能及"
的、更短的毛发。这条女性身体护理产品线的产品重点是脱毛产品和精选剃须
刀（包括三色可选把手、剃须刀及刀片），以及脱毛蜜蜡工具套组、剃毛啫喱
和身体乳。"在品牌刚建立的时候，我们打算做的是男女皆可使用的产品。在
深入了解市场之后，我们开始意识到，男性和女性消费者在剃须和脱毛方面需
要不同的产品。"Harry's 联合创始人 Jeff Raider 说。

而最早"颠覆"剃须刀市场的 Dollar Shave Club，却在女士剃须刀市场缺
了席。其投资人 Kirsten Green 表示，该品牌应该继续关注男士市场尚未开发的
潜力领域。

此外，Oui Shave、Brickell 面向皮肤敏感人群。

13.1.2　视频流媒体

提到国外的流媒体平台，大家对奈飞一定不陌生，但除此之外呢？

"老司机"一定听说过 Pornhub，"体育迷"免不了安装 MLB.tv，"二次元

死忠"会经常刷 Crunchyroll，这些细分领域的流媒体平台，虽然知名度不如奈飞，但也在各自领域内风生水起，构成了一片广阔的蓝海市场。

在美国，奈飞、YouTube、Amazon Prime Video 和 Hulu 被称为流媒体领域的"四大家族"。根据 comScore 的数据，这四大流媒体平台占据了用户使用流媒体时间的 75%。而奈飞具有绝对领先优势，是当之无愧的美国最大流媒体平台。在英国、法国、瑞典和芬兰等欧洲国家，奈飞的市场份额在 70% 左右，也是一家独大。

以奈飞为代表的综合性流媒体平台，用户规模大、覆盖人群广、内容非常丰富（包括纪录片、喜剧片、恐怖片、科幻片、动漫等类别）。

而在大众化的综合性流媒体平台崛起的同时，众多针对特定人群的垂直细分的流媒体平台悄然出现，有为恐怖片影迷服务的 Shudder、"体育迷"最爱的 ESPN+，甚至还有专注于展示各国皇室生活的 True Royalty，非常多元化。据调研机构 Parks Associates 的研究报告，2019 年，加拿大有近 100 种视频流媒体服务，美国有约 200 种视频流媒体服务。垂直细分的流媒体平台如表 13-1-4 所示。

表 13-1-4　垂直细分的流媒体平台

分类依据	类　　别	流媒体平台
人群	黑人	Brown Sugar、Urban Movie Channel
	性少数群体	Dekkoo、Revry、Section II
	极客	ConTV、VRV
	儿童	Toon Goggles、BabyFirst
	退伍军人	All Warrior Network
语言	法语	Club Illico
	西班牙语	Pantaya、Pongalo
地区	欧洲	BritBox、Acorn TV、MHz Choice
	亚洲	Viki、DramaFever、Asian Crush、KOCOWA、Spuul、Eros Now
影视风格	恐怖	Shudder
	搞笑	Seeso、Break
	浪漫	Hallmark Movies Now、PassionFlix
	文艺	Criterion Channel、Kanopy、Hoopla
	治愈	Feeln

（续表）

分类依据	类　别	流媒体平台
内容类型	音乐	Qello、Vevo
	动漫	Crunchyroll、FunimationNow、Viz Media、DC Universe
	体育	MLB.tv、ESPN+、golftv、NFL Live、dazn、WWE Network
	美食	ifood.tv、Food Matters TV
	游戏	Twitch、Kamcord、Vortex、GameDuck
	教育	CuriosityStream、Sago Mini Forest Flyer TV
	健身	Fightmaster Yoga TV、FitNFlow、NEOU Fitness、Peloton Digital
	汽车	MotorTrend
	科幻	Dust
	歌剧	BroadwayHD、Met Opera On Demand
	纪录片	Sundance Now Doc Club、SnagFilms、Docsville、Smithsonian Earth
	历史	History Vault
	皇室生活	True Royalty
制作方式	独立电影	Fandor、MUBI、Tribeca Shortlist

这类垂直细分的流媒体平台专注于利基市场，服务特定人群，最大的特点就是"细分"。例如，在体育流媒体平台中，有棒球平台 MLB.tv、高尔夫平台 golftv、摔跤平台 WWE Network 等。

体育、动漫这两个细分领域是垂直流媒体中的大类，用户总数并不少。

竞技体育的本质是人类拼搏和竞技的生物本性，虽然人类已经进入文明社会，但拼搏竞技的共鸣点仍然存在。另外，随着社会的发展，人们对强身健体的大众体育运动和赛事的参与热情不断提升，由此进一步加大体育赛事的观众规模。体育赛事由于其竞技性可以长盛不衰。视频流媒体平台的核心职能是提供能够满足不同观众需求的内容，通过广告和付费等商业模式进行变现，其中内容是绝对的核心动力源泉。

美式橄榄球联盟 NFL 成立于 1920 年，是全美最受欢迎的体育联盟，其 2019 年的年收入达到 130 亿美元；同时，其顶级赛事的影响力带来了大众现象级内容的稀缺，从而使其成为"媒体平台必备"。

2018 年，棒球流媒体平台 MLB.tv 的订阅人数仅次于四大家族和 Starz，在美国流媒体订阅人数排名中位列第六，超过了 CBS All Access、Sling TV、

DirecTV Now 等综合性平台。

Crunchyroll 是美国最大的动漫视频平台，专注于东亚动漫。Crunchyroll 成立于 2006 年，提供超过 800 个动画节目和 50 个漫画节目，已经拥有 100 多万付费用户。在 2006 年年初成立的时候，Crunchyroll 上传的都是未经授权的盗版视频，2008—2010 年，其逐渐与上游版权方达成分销协议，开始全面清理侵权内容。同时，Crunchyroll 的主要投资者还包括东京电视台等著名动画制作公司，使其在布局方面具有资源与成本优势。2014 年 4 月 22 日，AT&T 和 TCG 成立合资公司，收购了 Crunchyroll，注入了超过 5 亿美元的资金。随后 Crunchyroll 开始与角川公司、住友商社合作，进行动漫的投资与制作。

据测算，Crunchyroll 从 2012 年 12 月至 2017 年 2 月的订阅收入增速至少达到了 900%，而相近时间的全美流媒体视频订阅收入的增速为 164%。以其最低的订阅价格 6.95 美元/月来计算的话，其年收入能达到 8340 万美元，市场占有率超过 1%。2012—2017 年 Crunchyroll 订阅用户数量变化如图 13-1-1 所示。

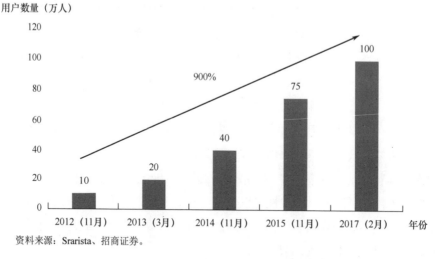

资料来源：Srarista、招商证券。

图 13-1-1 2012—2017 年 Crunchyroll 订阅用户数量变化

由此可见，这些相对大众的垂直流媒体平台的用户数量和盈利能力都不可小觑。当然，那些特别细分的垂直流媒体平台确实非常小众，有些平台只有几十万甚至一两万用户。

为什么在奈飞、Amazon Prime Video 这些流媒体"大树"下，长尾流媒体市场能够诞生并崛起？主要有下述原因。

1．更多更好的独家内容

虽然奈飞提供的影视内容非常丰富，但是在具体的细分类目下，很多垂直流媒体平台可以提供更多更好的内容。另外，有些内容奈飞是不提供的，有些内容的版权在其他流媒体平台手中，奈飞无法获得。

Shudder 是专注于恐怖片的流媒体服务平台，用户可以无限制地访问各种惊悚片、悬疑片，涵盖了入门级的经典恐怖片和"超级粉丝"的小众恐怖片，有很多独家内容。Shudder 恐怖片的细分类型包括超自然、杀手、怪兽、心理惊悚、犯罪与神秘、复仇、科幻等，内容非常丰富。

Shudder 的总经理 Craig Engler 认为，虽然奈飞拥有相当多的恐怖片内容，不过对资深恐怖片影迷来说，这些内容过于宽泛、浅薄，无法满足其深层需求；而通过 Shudder，恐怖片影迷能够找到更多满足其需求的恐怖片，越看越想看。

2．良好的社区氛围

在奈飞这些大平台中，动漫是小众，但在 Crunchyroll、FunimationNow 中，动漫是主流。很多垂直流媒体平台成为具有相同兴趣爱好的人聚集的社区，他们在社区里不再是"异类"，可以开心地和其他同好交流各种奇怪的问题，他们的社交关系沉淀在这些平台中。

类似于国内 Bilibili 的动漫流媒体 Crunchyroll 拥有全球最大的动漫社区，其用户达到 4500 万人。Crunchyroll 通过各种线上和线下渠道打造良好的社区氛围。在线上，有论坛和各种社交平台；在线下，有各种展会等活动。Crunchyroll 的粉丝参与度很高，他们能够积极参与到社区建设中。

每年举行一次的 Crunchyroll 动漫展会将"动漫迷"聚集在一起，进行为期三天的展览、放映等，邀请美国和日本一些著名的动漫相关人物客串演出。在活动期间，成千上万的动漫粉丝会来到会场。除此之外，Crunchyroll 每年还在全球 18 个国家举办超过 180 场的各种小型活动。这些线上和线下活动能够给"动漫迷"带来归属感，很好地塑造一个活跃的社区，从而成功地打造差异化特色，大大提升用户忠诚度和平台竞争力。而这些是奈飞无法做到的。

3．更好的体验

因为面向细分人群，垂直流媒体平台可以更好地针对这些人群提供贴心的个性化服务，让用户获得更好的体验，从而留住用户。

MLB.tv 是提供美国职业棒球大联盟举办的棒球比赛视频的流媒体平台。MLB.tv 针对棒球爱好者在很多细节方面进行了优化，具有非常多的差异化功能。

在订阅方面，用户可以选择只订阅某一个球队参加的常规赛的视频或直播，也可以选择观看所有球队的比赛内容。

从 2012 年开始，MLB.tv 开始提供一项名为 Audio Overlay 的服务。该服务允许用户在主场解说和客场解说之间进行切换，还可以去掉解说只听球场的自然声音。

MLB.tv 还具有 Mosaic 功能，可以在一个屏幕上同时显示多个比赛视频窗口，可以左边一个主界面，右边两个或三个比赛界面。另外，用户还可以追踪自己喜欢的运动员，当该运动员出现在某场比赛中时，系统会自动提醒用户。

13.2　全球化

随着订阅模式的大获成功，各国内部市场趋于饱和，很多订阅企业开始走出国门，开启国际化之路。

在 Dollar Shave Club 被收购后，其创始人 Michael Durbin 的新目标是将公司业务推向全球。Dollar Shave Club 已经在加拿大和澳大利亚开展了业务，下一步是进入欧亚市场。这是一个很大的挑战，因为美国男性与欧亚男性在个人护理需求、习惯及审美等方面都存在很多不同之处。不过，Michael Durbin 和他的团队将其视为新的机遇，认为新的发展路径和新的品类都将由此诞生。

2011 年 3 月，Glossybox 在德国成立，2011 年 10 月，Glossybox 中国公司开始筹备，当年 12 月发出了第一批盒子。在 10 多个月后，这个新团队已经紧紧跟上了 Glossybox 在其他地区的步伐，注册用户增长到 8 万人，付费订阅用户也达到了 1.2 万人左右，实现赢利。

2015 年，奈飞宣布了其全球化计划，要将其流媒体业务推广到全世界。2016 年，奈飞的业务已经拓展到了全球 190 个国家及地区中。在全球众多市场中，奈飞将亚洲地区视为最重要的用户增长源。下面以亚洲市场的拓展案例来看看奈飞的全球化策略和实践。

亚洲是世界上人口最多的地区，总人口超过 40 亿人，其中，我国和印度的人口都超过了 10 亿人，这意味着亚洲的市场潜力是巨大的。根据国际货币基金组织的统计，亚太地区是全球经济增长最快的地区。亚洲正在经历快速的城市化过程，人们的收入在快速提升。布鲁金斯学会的报告预计，在 2030 年前，全球三分之二的中产阶级人口都将集中在亚洲。庞大、富裕的人口催生了旅游、流媒体等娱乐需求。

预计到 2021 年，亚洲地区将新增 1 亿多流媒体订阅用户，营业收入从 2015 年的 57.4 亿美元猛增 220% 至约 184 亿美元。奈飞的首席执行官 Reed Hastings 预测，仅印度就可能为奈飞带来 1 亿用户。

2020 年 4 月，奈飞全球付费订费用户达到 1.82 亿人，亚洲付费订阅用户为 1623 万人。亚洲用户增加了 360 万人，超过了北美新增用户（230 万人）。如果亚洲市场在未来几年的拓展达到预期，相当于再造了一个奈飞。亚洲市场对于奈飞的重要性不言而喻。

除此之外，在亚洲地区的拓展还可以为奈飞充实内容库，吸引全球用户。2018 年，奈飞的亚洲内容在平台上的观看时长有超过一半来自亚洲以外的地区，这显示出亚洲地区的内容对奈飞用户的巨大吸引力。丰富多样的内容还可以帮助奈飞在美国本土市场的激烈竞争中胜出。2017 年和 2018 年奈飞在各地区原创节目数量的增长情况如图 13-2-1 所示。

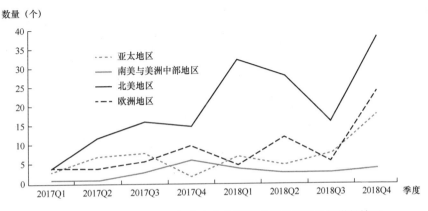

图 13-2-1　2017 年和 2018 年奈飞在各地区原创节目数量的增长情况

奈飞在开拓亚洲市场后，将生产出越来越多的亚洲内容。这可以帮助奈飞摆脱对迪士尼、HBO、时代华纳等竞争对手的内容依赖。

奈飞首席内容官 Ted Sarandos 认为，亚洲是全球创意重地，无数脍炙人口的经典电影与剧集都源于此地。奈飞最大的优势在于其通过网络，能将中国、韩国、泰国、日本、印度等的亚洲本土故事传递至全球每个角落，送到各国观众的眼前。为了拓展亚洲市场，奈飞有针对性地制订了很多具体的本地化策略，采取了降价、在当地设立办公室、和当地影视制作机构合作拍摄原创节目、针对当地具体情况开发特定功能等行动。

奈飞先后在亚洲地区设立了 5 个办公室，其中新加坡办公室是亚太地区总部办公室，奈飞也招聘了很多当地的高管人员。同时，奈飞在亚洲多个国家或地区都开通了社交媒体账号，包括 YouTube、推特、脸书等。

亚洲国家众多，各国的具体情况差别很大。奈飞针对亚洲各国或地区的实际情况，开发出了很多极具本地特色的功能。

在印度，宽带网速较慢，在播放流媒体时会有卡顿现象，因此奈飞专门为印度"特供"了低速率版本的视频，优化了视频压缩和不同场景下的视频编码，从而让视频播放更加流畅。另外，印度的停电情况比较频繁，在电脑上播放视频会受到很大影响，于是奈飞推出了下载功能，让印度用户可以使用移动设备下载并观看完整视频。

奈飞在美国的主要支付方式是信用卡，但亚洲很多国家的信用卡普及率并不高，因此奈飞根据各国情况采取了不同的付费方式。在马来西亚，奈飞和7-11 连锁便利店合作，销售奈飞预付卡，就像国内的话费储值卡一样，买卡的用户还可以把预付卡转让给他人。在印度、韩国等国家，奈飞和当地的电信运营商合作，通过电话卡扣费的方式收取订阅费。

在价格方面，奈飞在美国的订阅价格是 8.99 美元/月，而在马来西亚的订阅价格则为 4 美元/月左右，在印度的订阅价格是 6.85 美元/月，在日本的基础订阅价格是 5.91 美元/月。不管是在亚洲的发达国家还是在发展中国家，奈飞的订阅价格都低于美国本土的订阅价格。在印度、马来西亚等人均收入较低的国家，奈飞的订阅价格不到美国的一半，定价更低。低廉的价格能够让更多亚洲用户接受，从而帮助奈飞更好地开拓亚洲市场。

对亚洲用户来说，最核心的还是丰富多元的内容。奈飞采取了外购、自主开发等多种方式来扩充本土化的亚洲内容库。

在华语片方面，奈飞购买了《流浪地球》《动物世界》《风味原产地•潮汕》《白夜追凶》《反黑》《甄嬛传》《天盛长歌》《王子爱青蛙》《真爱趁现在》《琅琊榜》《步步惊心》等电影、电视剧和纪录片的版权。在韩国，奈飞和 TVN、JTBC、OCN 等有线电视台签订合约，购入大量韩剧，如《Man to Man》《秘密森林》《Black》《花游记》《机智的监狱生活》《坏家伙们：邪恶之都》等。此外，奈飞还买了印度的《巴霍巴利王》、日本的《死亡笔记》《钢之炼金术师》《火影忍者》《进击的巨人》等内容的影视版权。

在亚洲，奈飞非常注重原创内容，而且都和当地机构有合作。这些"本土原创作品"一般由奈飞主导和投资，题材来自当地，内容贴合当地用户的喜好，制作则由当地的导演、演员和出品人完成。根据 Amper 的研究数据，2018 年第四季度，亚洲市场的原创内容在奈飞平台上排名第三。奈飞公开宣布，2019 年要加大在亚洲地区的投资。

在日本，奈飞已经和东映动画、Production I.G、A-1 pictures、BONES、P.A.WORKS 等知名动画制作机构展开了合作，基于《圣斗士星矢》《哥斯拉》《恶魔人》等知名 IP 制作了几十部原创动画作品。在韩国，奈飞不仅制作了爆款原创电视剧《王国》，还制作了原创综艺《犯人就是你》等。在印度，则有印地语原创《神圣游戏》《欲望故事》等。

虽然是本土原创作品，但奈飞也非常看重亚洲原创内容的全球性，与当地的国产影视作品还是有一定差别的。例如，奈飞在印度的原创剧由美国总部和印度制片公司 Phantom Films 共同敲定，其中的原则之一就是印度原创剧应具有跨国吸引力。

在奈飞于日本推出的原创动画系列中，80%以上都是科幻和奇幻题材，能被全球的观众看懂。而具有强烈日系色彩的后宫、搞笑、萌系题材则基本没有，这些题材在亚洲以外的市场很难受欢迎。《Cannon Busters》动画的制作方是日本动画工作室卫星社，其他的策划、脚本及演出则来自海外团队，从而让这部动画同时具有了全球化和本地化特色。

总体来说，奈飞并没有一味地追求本地化，而是用全球化的视角来考量，然后在本地落地，将亚洲市场和全球市场进行联动，从而实现互相促进、有机整合。根据 Sensor Tower 的数据，2018 年，奈飞在韩国的移动端收入增长了107%，在日本的移动端收入增长了 175%。

13.3　人工智能

订阅经济的未来将由人工智能技术提供动力。人工智能和订阅经济的结合将比以往任何时候都更加强大，二者联合改变了用户寻找和购买消费品的方式。如今，订阅企业正在利用人工智能技术为消费者提供更多他们想要的产品。

亚马逊通过引导客户购买自己的内部产品，将由人工智能技术驱动的洞察力带入现实世界。对于客户定期购买的产品（如清洁用品或洗漱用品），亚马逊通过订阅服务和保存计划进一步促进自己与客户的联系，为承诺为定期购买的客户提供折扣。

哈罗生鲜使用机器学习算法来确定其订阅者喜欢的食物，以此创建一个反馈循环，从而更好地向客户推荐其可能喜欢的定制菜谱。

Stitch Fix 的整个商业模式都以人工智能为基础，其将人工造型师与用户数据相结合，以精准推荐服装。Stitch Fix 利用基于人工智能的机器学习算法来猜测用户喜好，帮助造型师选择那些客户可能会喜欢的东西。当潜在客户注册这项订阅服务时，他们会被要求填写一份相当详细的"风格档案"，包括自己的个性、体型、生活方式、预算、喜欢的款式和颜色，甚至想突出或淡化的身体特征等，然后人工智能预测算法开始工作，为客户生成最佳匹配方案。其他人工智能算法会跟踪客户对服务的长期满意度，以及他们续订或退出的可能性。

订阅模式的核心是建立与客户的长期关系，提高客户留存率和客户终生价值。如何管理流失会员、如何保持良好的留存率，是订阅企业面临的巨大挑战。因此，基于人工智能的数据分析对于订阅企业的成功至关重要。

此外，人工智能还能在以下几个方面帮助订阅企业更好地发展业务。

（1）发现隐藏的销售机会。

寻找和获得新客户是订阅企业在发展过程中的首要任务。目前大多数企业使用传统的市场研究和分析手段来确定哪些潜在客户具有最大的购买倾向，很少有企业利用人工智能技术来识别潜在的目标客户。通过分析历史销售数据，人工智能技术可以识别以前未检测到的购买模式，以确定哪些潜在客户最有可能进行订阅。

（2）减少客户流失。

对于所有订阅业务，最小化客户流失率至关重要，很多订阅企业将客户留存率作为关键业务指标。使用人工智能技术，企业可以通过评估风险倾向来预测客户流失。通过机器学习，订阅企业可以实时分析与客户流失相关的因素，如页面载入太慢或字体不清晰等。这可以帮助订阅企业更好地了解客户并进行有针对性的改进，从而留住客户。

（3）最大化续订率。

保持高续订率是不断增加经常性月度收入的必要条件。通过人工智能技术，企业可以主动通知客户，根据客户的续订历史启动续订流程。除了通知和启动续订流程，人工智能技术还可以为企业提供及时的后续操作，以确保在整个续订过程中使用最佳的方法。

在订阅业务中，企业要与客户建立更加动态的关系，因为客户可能会随着时间的推移升级/降级/新增订阅服务，他们在第三年订阅的内容通常与第一年订阅的内容不同。因此，要利用人工智能技术来估计客户的当前状态，并将其与最近加入的客户进行比较，以提出更加动态化的续订管理方案。人工智能技术可以帮助订阅企业把握客户的续订模式，以最大限度地提高现有客户的续订率。

（4）进行向上销售和交叉销售。

客户从购买 9 元/月的基本订阅服务，改为购买 29 元/月的高级订阅服务，这种销售方式即为向上销售。总结来说，向上销售是指向客户销售某一特定产品或服务的升级品、附加品或其他用以加强原有功能或用途的产品或服务。这里的特定产品或服务必须具有可延展性，追加的销售标的与原产品或服务相关甚至相同，有补充、加强或升级的作用。

客户从购买订阅盒子 A，到购买订阅盒子 A 加配套的订阅服务 B，这种销售方式即为交叉销售。交叉销售是一种发现顾客多种需求并满足这些需求的营销方式，也就是说，交叉销售是在同一个客户身上挖掘、开拓更多的需求，而不是只单纯满足客户的某次需求，进而横向开拓市场。

人工智能技术可以帮助订阅企业抓住在现有客户群中交叉销售和向上销售的机会。例如，订阅了移动流量套餐的客户通常每月可访问的数据量是有限的。通过人工智能技术，可以帮助客户服务代表指导客户使用数据量更多的流量计划或无限制的流量计划，从长远来看，这种方式可以通过避免高昂的超额费用来节省客户资金。同样，人工智能技术可以纳入数字商务门户网站，从而最大限度地提升客户的自助购买体验。

订阅领域最有趣和潜在的深刻变化之一是所谓的"策划购物"和"订阅盒子"的爆炸性增长，两者都受益于人工智能技术的发展。机器学习技术在客户交互中的应用可以有效提升客户对产品、服务及购物体验的整体满意度。订阅模式、精选体验和人工智能使真正的大规模个性化和定制化成为可能。

在订阅世界中，一个零售商与另一个零售商的区别在于"体验"。产品本身并没有很大差别，区别在于产品的购买、分销和享受方式。

订阅经济和人工智能有助于培养一个响应更快和更加有益的商业环境，在这种环境中，买卖双方的"快乐"可以实现最大化。

下　篇

实践：订阅转型指南

看了这么多对订阅经济的解析，大家是不是很心动呢？你是否也想创建一个订阅企业？

首先，千万不要把订阅等同于按月收费。如果只改变收费方式而不改变产品本身、销售模式、运营方式等，最终注定会失败。

其次，订阅模式适用于大部分行业和多种类型的产品，但某些行业或某些产品是不适合采用订阅模式的。订阅模式并不是"万能药"，大家应记住这一点。

创建一个订阅企业并将其运营好，会面临非常多的挑战，并不是那么容易的。如果创业者在一开始能够客观地认清可能存在的困难并做好详细的规划和充分的准备，那么成功率会大大提高。

第 **14** 章

合适的产品与场景

每种商业模式都有自身的局限性，订阅模式也不例外。对于不同的产品、不同的市场情况，需要采用不同的商业模式。在考虑是否采用订阅模式时，我们需要综合考虑以下问题。

（1）市场容量和增长率是多少？行业的天花板有多高？

（2）进入门槛，这决定了可能面临的竞争的激烈程度。

（3）获客成本，这决定了是否容易获得消费者。

（4）购买频次，是频繁购买还是偶尔购买？

（5）毛利率，是像药厂一样的高毛利还是像药店一样的低毛利？

（6）生产复杂度，产品生产制造的技术门槛有多高？

（7）市场集中度和市场饱和度，是分散的还是高度垄断的？

（8）行业是否受管制？是否需要申请额外的许可证？

（9）行业大品牌情况如何？是否还有创新的空间？

根据 GloabalWebIndex 在英国和美国的调查，在各种订阅服务中，用户使用最多的是视频流媒体、购物、音乐流媒体、电子游戏、新闻杂志；用户使用最少的是服装、宠物、儿童、教育、约会应用。

为什么会这样呢？因为订阅模式有其本身固有的优点和缺点，有适合的产品和场景，也有不适合的产品与场景。例如，消费者需要高频使用的产品（如剃须刀）很适合使用订阅模式，但是那些用户使用频次很低的产品（如电视机）就不适合采用订阅模式。另外，还要考虑每笔交易价格的高低、现有市场的竞争格局和进入壁垒等。

14.1 高频次

对于购房、购买电器或旅行等回购周期长、频次低的消费场景，由于短期内用户的购买行为较少，很难养成消费习惯，平台在短期内也很难获得大量数据样本，因此不适合采用订阅制。而服饰、化妆品、食品等品类，对特定群体来说是刚需，并且随着人们生活水平的提高，消费者越来越希望商品能更好地满足自身的个性化需求。

消耗品一般是指在一年内使用完的产品。生鲜、食品、化妆品、清洁用品、打印机墨盒等都属于消耗品，这些产品需要经常购买，所以非常适合采用订阅模式。根据国外的一项研究，消耗品复购率（29％）几乎是服装和其他普通商品复购率（16％）的两倍。一方面，消耗品具有相对较高的购买频率；另一方面，一些普通商品的使用寿命往往很长，重复购买的可能性较小。

床垫、电视机、戒指等购买频率低的产品显然不适合采用订阅模式。采用订阅模式的产品或服务，其购买频次应该至少为一年几次，最好每月一次以上。

很多软件属于高频消费品。从转化客户需求的角度来看，对于高频使用的软件产品，用户会更容易接受按月/按年支付订阅费的模式。而对软件企业来说，高频往往对应产品的迭代需求，一方面，订阅模式可以提高用户使用新版本的概率，在提升用户体验的同时，使产品研发的成本效用最大化；另一方面，高频软件上云后价值增值明显。在订阅模式下，高频的用户交互可以带来更多的数据，企业利用数据来优化、迭代产品，从而进一步拓展可能的应用领域。在高频数据价值下，软件企业的竞争优势相对授权模式将不断强化，进而获得更大盈利空间。

软件行业的 Autodesk 就是一个典型的将高频消费品一次性购买授权转型为订阅模式的案例。

Autodesk 是全球最大的二维和三维设计、工程与娱乐软件公司。公司的起家产品是 AutoCAD，经过几十年的发展，其产品线逐步丰富，在不同行业围绕设计环节推出了相应的解决方案。公司营业收入总体呈增长趋势，但从 2007 年开始增速明显放缓，净利润在 2007 年达到高点之后也整体呈下滑态势。

2014 年，Autodesk 确定开始从传统的一次性授权模式向订阅模式转型。2016 年 8 月，Autodesk 宣布停止绝大部分软件的永久授权，改为订阅式销售。Autodesk 此前拥有大量不更新软件的用户和使用盗版软件的用户，收费模式的变化有望开拓新用户市场。在云化订阅服务模式下，之前购买运维协议的用户逐渐转化为 SaaS 软件订阅用户。2017 年，SaaS 订阅收入的占比上升到总收入的 47%；SaaS 订阅用户达到 109 万人，同比增长 155%。公司云化重点在于商业模式升级。

Autodesk 的产品主要分为四类：建筑、工程和施工（AEC），制造业（MFG），AutoCAD 和 AutoCAD LT（ACAD），多媒体和娱乐（M&E）。其中，AutoCAD 等明星产品仍以软件形式存在，只是在传统单机软件的基础上增加了云共享、多界面访问的功能。设计功能本身仍然基于本地化部署，但在收费模式上坚决摒弃永久授权，全面实行订阅式付费，在商业模式上率先完成云端转型升级。

在转型期间，虽然 Autodesk 财务数据的表现并不可观，但在 2016 年 8 月 1 日宣布所有套件产品 License 停售，并全部转为云化订阅服务模式后，其股价就进入了高速增长期，公司商业模式先行的云化战略获得了资本市场的认可。云端转型后的产品定价反映公司的议价能力，而议价能力背后是公司的市场地位与行业壁垒。用户使用高频的软件通常有更高的壁垒，同时产品黏性较强、在细分领域的议价权也更大，有利于其云端转型，进而激发出新的需求。

14.2　低笔单价

笔单价=总销售额/总笔数。笔单价与客单价的区别在于，如果一个顾客购买了 2 次，客单价计算 1 次，笔单价则需要计算 2 次。例如，某超市 8 月 26 日全天的销售额为 74500 元，当天的客流量是 745 人，交易笔数是 735 笔，则该超市 8 月 26 日的客单价=销售额/顾客数=74500/745=100（元），笔单价=74500/735=101.36（元）。

客单价是每位顾客平均购买商品的金额，而笔单价是每笔订单的平均金额。客单价和笔单价都是了解客户购买习惯的关键指标，两者一般相差不大。但是，在衡量是否适合采用订阅模式的时候，笔单价比客单价更准确。

一般而言，笔单价可以帮助我们了解客户：他们是否倾向于订购更昂贵或更便宜的产品，以及倾向于订购多少数量的产品。例如，一家服装订阅企业销售三种衬衫，售价分别为 15 元、21 元和 29 元，笔单价为 19 元，这就表明消费者行为的两个趋势：客户不会购买多件商品，以及低价衬衫的销售额占总销售额的大部分。

笔单价也可以作为衡量转换率和获客成本的指标。假设目前的订阅转化率是 5%，笔单价是 75 元，那么如果新增 1000 个注册用户并且转化率保持不变，销售额将增加 3750 元。如果将转化率提高到 6% 并且笔单价保持不变，销售额将增加 4500 元。那么，我们愿意支付多少营销费用？

另外，笔单价还可以帮助我们了解交易成本与交易的关系。一般来说，笔单价越高，每笔交易需要付出的成本和费用也就越高。如果每个订单需要花费 8 元来处理，那么 500 元的笔单价相对于 100 元的笔单价来说，交易成本非常低。

订阅需要长期、持续的购买，只有笔单价较低，大部分客户才能承担，才会重复购买。一个客户的重复购买次数增多，客户终生价值自然就会提升。

订阅企业适当降低产品的价格能够促使更多客户购买，从而使销售额提升。在这种情况下，虽然产品的毛利率会下降，但总利润会增加。订阅企业追求的是与客户的长期关系，是最终的高客户终生价值，而不是"一锤子买卖"。

14.3　当前市场情况

除了以上两点，在评估是否可以采用订阅模式时，还要看竞争情况，包括市场集中度、市场垄断、进入壁垒、品牌亲和力等。

首先，对于市场集中度和市场饱和度很高的产品或服务，龙头企业已经建立起强大的竞争壁垒，后来者很难打破现状，是不太适合订阅企业的；反之，市场比较分散的行业适合进行创新，各种模式的企业都有机会占据一定的市场份额，因此可以尝试订阅模式。

品牌亲和力是一种指标，可以让市场研究人员预测消费者的行为方式。品牌亲和力有助于区分消费者以实现市场细分。研究表明，年仅 3 岁的儿童就能够识别标识并将其与品牌联系起来。当客户表现出品牌亲和力时，会是什么样的？一些指标如下：

（1）坚持使用某一品牌的产品；

（2）给朋友推荐自己喜欢的品牌；

（3）在社交媒体中表达自己对品牌的高度满意。

品牌忠诚度和品牌亲和力非常相似，然而，有些人可能会忠于一个品牌但不会对该品牌产生亲和力。品牌亲和力比品牌忠诚度更高一级。

企业推出一个有吸引力的品牌并进行有效的宣传，能够让消费者了解品牌，从而产生品牌意识。一旦客户购买了相关产品，企业就有机会建立用户的品牌忠诚度，吸引用户重复购买。而要建立品牌亲和力，则要超越产品和服务，在精神层面让客户感觉自己与品牌有深层次的联系和共同的价值观。

可以说，品牌亲和力是最有价值和最持久的客户关系。

如果现有企业已经有了很高的品牌亲和力，这种情况是不利于订阅企业进入相应市场的。因为现有客户已经对该品牌产生了高度信任，不会轻易转换到其他品牌。

14.4　小结

根据以上论述，我们对抗衰老产品、婴儿护理产品、床品这三个品类进行了评估（见表 14-4-1）。结果发现，抗衰老产品和婴儿护理产品基本可以满足订阅的场景要求，因而可以利用订阅模式去做；而床品的核心问题在于太过低频，虽然其他方面问题不大，但还是不适合采用订阅模式。

表 14-4-1　抗衰老产品、婴儿护理产品、床品评估

类　别	留 存 率	购买频率	市场集中度	笔 单 价	品牌亲和力	是否适合订阅
抗衰老产品	高	高	低	低	中等	是
婴儿护理产品	高	高	中等	低	低	是
床品	低	低	低	中等	低	否

第15章

面临的挑战

根据 My Subscription Addiction 的数据，在过去几年如雨后春笋般出现的订阅盒子中，至少有 13％已经停止运营。

订阅模式的核心是很简单的，订阅企业的创建也很容易。但是，低进入门槛往往对应低成功率，订阅企业的运营要面临诸多挑战。

据统计，2010—2016 年，国外每年都有超过 30%的订阅企业倒闭。2016 年倒闭企业所占比例尤其高，达 47.37%，如图 15-1 所示。

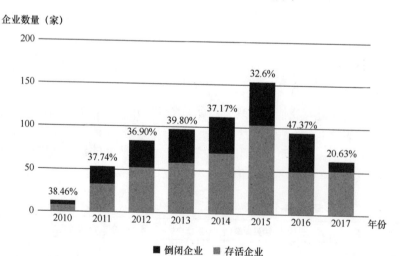

注：图中注明的比例为倒闭企业数量占企业总量的比例。

图 15-1　订阅企业历年倒闭和存活情况

可见，订阅企业的运营难度是较高的，前景虽然广阔，但面临的挑战也非常大。

15.1　客户获取成本高

不同于单次购买，订阅需要持续付费，因而用户的决策成本更高，相应的转化成本也更高，所以不能指望用户只看一次广告就决定付费订阅。同时，由于订阅非常灵活，可以随时取消，因此用户一旦不满意就会取消订阅，这加剧了高获客成本的困境。

虽然订阅模式削减了中间人，将产品和服务从生产方直接供应给终端消费者，节省了租金、分销等费用，但是用户获取成本大大提高了。举个例子，淘宝的出现让很多商家可以不用开设线下店铺，几乎可以零成本开网店，但是要想在众多商家中脱颖而出，让消费者看到自己的商品，就要付出非常高的营销成本。

很多订阅企业的创始人对客户获取太过乐观，认为获取客户是非常简单的事，低估了客户获取的成本。根据麦肯锡的研究，无论销售何种商品，订阅电商的客户留存率不会超过 60%。许多订阅企业的客户获取成本和客户流失率非常高，以至于无法持续发展。

对提供订阅服务的企业来说，获得最大的经济效益的关键是平衡获客成本与客户的生命周期价值。

通常订阅企业可以利用三种方法来实现这一点。一是提高客单价，加强交叉销售和向上销售。例如，对于购买频率不是很高的产品，在第一次销售时必须赢利，并通过推出配件或新的系列产品来留住客户。二是提高复购率，对于那些客单价较低的商品，如剃须刀、牙刷、袜子等，企业必须设法锁定客户，推动重复购买，从而提高客户的生命周期价值。三是通过口碑营销、短视频、创意广告、社交分享等新方式实现用户规模的快速增长，最大限度地降低获客成本。

Dollar Shave Club 在创建初期，花费 4500 美元制作了创意广告视频，然后上传到 YouTube 上。该视频在 90 天内获得了近 500 万次观看，成为经典的病毒式营销案例，为公司吸引了大量用户。

Ipsy 的内容服务网络汇集了包含 4600 万名订阅者的影响力群体。但 Ipsy 不仅提供订阅产品，还经营内容业务，为美妆产业提供独特且难以复制的解决方案。

网红米歇尔在 2007 年上传了她的第一个视频——7 分钟化妆入门教程，该视频在 1 周内便获得了 4 万次点击量。2009 年，米歇尔发布了"如何画出 LadyGaga 的眼睛"的化妆教程，点击量超过百万次。三年之后，Ipsy 创始人 Marcelo Camberos 和 Jennifer Goldfarb 意识到，他们需要另一个合伙人（米歇尔）来引领在他们看来最大的增长环——内容。对 Ipsy 来说，YouTube 是一个能够帮助公司实现快速增长的有效途径。米歇尔将订阅服务加进了自制的视频里，第二天便产生了数千个订单。自那以后，Ipsy 坚持以创作者为核心。

15.2　初期亏损多

在订阅服务启动的初期，由于较高的用户获取成本和流失率，企业的支出会比较大，而且订阅收入的增长本身有一个爬坡的过程，因此这期间收入低于成本，企业处于亏损状态。

Dollar Shave Club 在被收购前已经积累了超过 300 万名订购用户，销售额超过 2 亿美元，不过其仍经历了持续 5 年的亏损，这也是 Dollar Shave Club 放弃独立上市而选择被联合利华收购的原因。

被称为"影院版奈飞"的美国电影订阅服务平台 MoviePass 曾"红"遍全美，不过自 2018 年 7 月传出 MoviePass 资金链断裂的消息后，MoviePass 母公司 Helios&Matheson 股价跌至 1 美元以下，并长期低于 1 美元警戒线，未达到纳斯达克上市标准。

MoviePass 成立于 2011 年，其在 2016 年之前的基本订阅套餐的价格是 50 美元/月，订阅用户可在其支持影院中无限次观影。在美国，电影票价为平均 10 美元左右，因此该服务适用于每月观看 5 场以上电影的消费者，核心服务人群是重度观影用户。2016 年，在奈飞联合创始人 MitchLowe 成为 MoviePass 的 CEO 后，公司将战略调整为通过降低订阅费用来赢得用户，并获取用户数据，旨在成为美国民众出门娱乐的一站式平台，进而依托广告收入及商家合作佣金实现用户数据变现。2017 年，电影行业数据分析上市公司 Helios&Matheson 在收购 MoviePass 51%的股份后，MoviePass 更是将订阅费降至 9.95 美元/月。

MoviePass 的用户平均每月观看 1.5 部电影，因此在特定地区每位用户每月给 MoviePass 带来约 15 美元的亏损。Helios&Matheson 在 2018 年 5 月递交给美国证券交易委员会的 8-K（重大事件）文件显示，MoviePass 的现金流只剩下 1550 万美元，而公司平均每月的亏损达 2170 万美元。

2018 年 7 月，MoviePass 用户纷纷表示无法购票，MoviePass 当时回应称是"技术问题"，后来被证实是因为公司现金流出现断裂，最后 MoviePass 不得不通过紧急贷款向院线方支付票款，以恢复正常运营。

因此，订阅企业在创业初期需要通过外部融资等多种方式募集到足够的运营资金，以应对持续的亏损状况。不过好在订阅企业的商业模式非常清晰，一开始就有持续的现金流。一旦订阅企业挺过初期的艰难时期，实现正现金流，公司的营收曲线就会变得非常漂亮；但如果企业不能很好地应对，则有可能破产。

对不同的订阅企业来说，亏损期的时长也不一样，有的可能比较短，有的则可能很长。

为了尽快走出亏损期，订阅企业需要运用多种方式来应对，如以低成本快速获取客户、让客户支付更多的年费和季费、获得风险投资机构的投资等。

15.3　巨头竞争大

订阅模式发端于创业企业的创新，其蓬勃发展是由众多小型初创企业推动的。起初，很多大公司看不懂或者看不上这种新模式，但随着一家又一家订阅独角兽的出现，订阅用户数量快速增长，巨头们开始反应过来，也要在订阅经济中"分一杯羹"。

蓝围裙本来是 2017 年最令人期待的大型 IPO 之一，但其在申请上市时受到亚马逊收购生鲜超市 Whole Foods 的影响，瞬间变成面对困难最多的 IPO 经典代表。

在蓝围裙上市的同月，亚马逊也推出了自己的食材配送的订阅服务——Amazon Fresh。当时消息一出，蓝围裙股价直接下跌 11％。此外，连锁超市 Albertsons 收购了食品配送平台 Plated，这让蓝围裙面临更大的压力。自 IPO 以来，蓝围裙股价下跌 95%，从上市当天的高点 164 美元一路下跌到 6 美元，可谓惨不忍睹，已无法维持独角兽的地位。

Slack 是一款用于企业内部沟通协作的工具，Slack 的开发始于 2012 年年底。2013 年 8 月，Slack 进入内测阶段。2014 年 2 月，Slack 一经推出，日活用户就达到 15000 人。2014 年 10 月，公司融资 1.2 亿美元，估值达 11.2 亿美元，成为有史以来发展最快的 SaaS 公司。截至 2019 年 1 月，Slack 在全球范围内拥有超过 1000 万名日活用户，覆盖超过 150 个国家，全球市场占有率迅速提升。

在付费方面，Slack 提供了四种方案：免费版、标准版（订阅费为 6.67 美元/月）、增强版（订阅费为 12.5 美元/月）和企业版。

免费版、标准版和增强版等都由单工作区组成，中小企业采用较多。企业版允许付费客户创建和管理无限制的连接工作区和通道；跨多个工作区进行搜索；集中控制访问，以确保公司的数据安全；与第三方预防数据丢失工具进行集成。

作为史上增长最快的企业聊天软件，Slack 被微软"觊觎"已久。2019 年 7 月，微软旗下的企业聊天工具 Microsoft Teams 的日活用户达到 1300 多万人，其在上线两年后一举超越了 Slack。微软希望让所有人知道，在企业聊天市场，Microsoft Teams 已经超过了对手 Slack。Slack 面临微软的无情打压。

对一款已上市产品进行复制，并通过价格战步步为营，微软对这种模式已经相当熟悉。早在 2015 年，微软就发布了 Microsoft Power BI，与几年前上市的数据分析和可视化公司 Tableau 进行竞争。微软相对便宜的数据分析服务致使 Tableau 的股价下跌。

微软、谷歌和亚马逊等科技巨头现有的用户基础比它们的竞争对手要大很多。为了在竞争中胜出，这些巨头有时会主动降低服务价格。

知名市场调研公司 ETR 的一项调查给 Slack 带来了颇为沮丧的消息。这份市场调研报告来自对 900 名 CIO 及公司 IT 决策管理人员的访谈，主要内容涉及企业的 IT 预算走向，这些访谈对象所在的公司大概覆盖了全球 500 强企业的 40％。调查结果显示，Slack 在全球大型企业中的市场份额正在下滑，而且未来的采用意向也在下降，较大一部分 IT 决策管理人员表示，他们正计划退出这项服务。与此同时，调查数据显示，Microsoft Teams 的市场份额正在增加，采用率相对较高，弃用率比 Slack 略低。

这项调查结果除了可能扰乱 Slack 上市后高歌猛进的势头，还反映出欧美科技行业创新领域的艰巨挑战——科技行业越来越由少数巨头主导。一些知名人士也在批评这些巨头创造的所谓"杀手锏"：要么收购，要么"杀死"竞争对手。其结果是，最好的创意和产品都集中在现有的科技巨头手里，从而进一步巩固了它们的主导地位，并且可能扼杀未来的创新。

15.4　订阅疲劳问题

订阅服务的蓬勃发展为消费者提供了比以往更多的选择，但问题也随之而来——消费者开始出现"订阅疲劳"。

根据德勤第 13 版年度数字媒体报告，近一半（47％）的美国消费者表示，自己对订阅服务数量的不断增加感到沮丧；49％的受访者表示，由于影视节目数量太多，他们很难选出自己真正想要观看的内容；43％的受访者表示，如果在几分钟内找不到想看的节目或电影，他们就会放弃搜索。

消费者希望有更多的选择——但不是过多的选择。负责该项研究的德勤副主席 Kevin Westcott 认为："我们可能正在进入'订阅疲劳'的时代。"

订阅服务不断增多，但用户的时间和金钱都是有限的。每个用户一天只有24 小时，不可能订阅 10 多个流媒体视频同时看；用户的预算也和其可支配收入成比例，不会看到喜欢的服务就随意订阅。

由于订阅疲劳的存在，新的订阅服务需要承担更高的获客成本和更大的产品投入。对一些小众、低频的订阅服务来说，订阅疲劳意味着其生存的概率降低了，因为用户肯定会首先放弃那些不常用的订阅。

但是，订阅创业者不必过于担心。根据 eMarketer 的一份新报告，34%的美国人表示，他们会增加在未来两年内使用的订阅服务的数量；只有 7%的人表示他们计划在未来两年内订阅更少的服务。根据 Global Web Index 对英国和美国的调查，大约 75%的消费者认为他们的订阅量恰到好处，而只有接近 20%的消费者认为自己的订阅量太多。因此，总体来看，虽然订阅疲劳现象已经出现，但是真正想取消订阅的用户还是少部分，付诸行动的就更少了。

很多订阅平台也发现了这个问题，开始研究策略以进行应对。例如，迪士尼推出的流媒体订阅平台 Disney+拥有比奈飞更低的价格，并且具有很多拥有忠诚粉丝的独家影视内容。但最关键的还是要给订阅用户提供真正有价值的内容。

Parks Associates 的调查发现，消费者不仅愿意为订阅付费，而且愿意为多种订阅服务付费、支付更高的订阅费用，前提是其感知到价值。

在流媒体订阅服务中，优质高价产品正在增多，说明消费者愿意为高级功能支付费用。例如，奈飞的用户正在从基本服务转向高级服务。奈飞的基本订阅费用是 7.99 美元/月，标准订阅费用是 9.99 美元/月，但这两种订阅服务的订阅量都在下降，而 11.99 美元/月的高级订阅服务的订阅量正在增加。2016—2018 年，选择高级订阅服务的奈飞用户比例从 18%增加到 30%。

可见，订阅疲劳并不可怕，可怕的是企业拿不出优质的产品或服务。

15.5 数据隐私问题

消费者越来越担心企业如何处理与自己相关的隐私数据的问题。在国外一项调查中，82%的人表示他们认为企业没有很好地保护自己的个人数据。

订阅平台为了能够实现高度个性化，需要收集足够多的用户信息。例如，用户在登录 Stitch Fix 后，需要填写有关个人时尚偏好的问卷，提供个人尺码、喜欢的颜色、偏爱的样式等个人信息。

随着越来越多的企业转向基于订阅的模式，消费者自然会担心这些涉及个人隐私的数据是否能被安全保障、是否会被滥用。因此，隐私数据安全成为订阅企业必须面对的一个问题。

很多订阅企业明确了隐私政策，在用户注册之前告知用户隐私数据的收集和使用情况。各国也都出台了相关的监管法律，对订阅企业的运营产生了一定影响。

GDPR 是 *General Data Protection Regulation* 的首字母缩写，通常译为《通用数据保护条例》。GDPR 由欧盟推出，目的在于防范个人信息被滥用，保护个人隐私。GDPR 早在 2016 年 4 月就已经推出，但欧盟给了各大企业两年的缓冲时间，其正式生效日期为 2018 年 5 月 25 日。根据 GDPR 的规定，企业在收集、存储、使用个人信息时要征得用户的同意，用户对自己的个人数据有绝对的掌控权。

以下类型的隐私数据受 GDPR 保护：

（1）基本的身份信息，如姓名、地址和身份证号码等；

（2）网络数据，如位置、IP 地址、Cookie 数据和 RFID 标签等；

（3）医疗保健和遗传数据；

（4）生物识别数据，如指纹、虹膜等；

（5）种族或民族数据；

（6）政治观点；

（7）性取向。

消费者享有的权利如下。

（1）数据访问权：用户有权向企业询问个人信息是否正在被处理，如果正在被处理的话，可以进而了解处理的目的、相关数据类型、数据接收方的信息，如果对象是数据接收方，可以询问其数据来源。

（2）被遗忘权：用户有权要求企业删除个人数据，如果数据已经披露给第三方，用户可以进而要求第三方删除相关数据。

（3）限制处理权：用户有权禁止企业将个人信息用于特定的用途，如禁止企业将个人信息用于垂直营销。例如，用户最近在购物网站搜索了以"精酿啤酒"为关键词的商品，网站的推荐信息流或与该网站有合作的其他站点可能就会向用户推荐类似的精酿啤酒，那么用户就可以要求该网站不能对外透露此信息，甚至可以要求该网站不能把这些信息用于任何营销活动。

（4）数据携带权：简单来说，当用户想离开某个平台时，可以要求该平台将自己在该平台上产生的数据以格式化、机器可处理的格式进行提供。

GDPR 给订阅业务带来了重大挑战。订阅业务需要处理大量用户数据，其中一些数据甚至可能处于个人身份信息的红色区域。毋庸置疑，在欧洲运营或在欧洲地区拥有客户的订阅企业需要采取措施以实现 GDPR 合规。

那么，订阅企业应该怎么做呢？要明确的是，GDPR 适用于在欧盟拥有订阅者并且向订阅者收集个人数据的所有企业。因此，即使是奈飞和亚马逊等订阅巨头也必须遵守这一规定。订阅企业需要详细列出他们所使用的个人数据，并且重新检查已经存储的个人数据，删除没有合法存储依据的数据。此外，订阅企业还需要确定是否需要设置一个新岗位：数据保护官（Data Protection Officer，DPO）。任何涉及大规模定期数据和系统监控数据的订阅企业，都需要一名专门保护数据的数据保护官。数据保护官可以是内部员工，也可以是外部人员。

大多数订阅业务依赖 SaaS 解决方案，因此他们不仅需要确保自己的系统符合要求，而且需要确保他们的所有供应商也是如此，特别是那些可能无法满足 GDPR 要求的欧盟以外的供应商。此外，订阅企业需要构建强大的事件响应机制，以确保他们能够在规定的时间内解决数据泄露问题。

订阅企业在许多细节方面都要根据 GDPR 的要求进行完善。下面列举一些具体的例子。

（1）在征求用户的同意时，需要用户自己手动选择，不能使用预先勾选的方框来默认用户同意。如果预先勾选，则订阅无效，如图 15-5-1 所示。

图 15-5-1　手动勾选和自动勾选

（2）要让用户能够轻松取消订阅，并清晰地告知用户如何操作，如图 15-5-2 所示。

图 15-5-2　有明确取消订阅的操作按钮

订阅企业发送的每封促销电子邮件都必须包含取消订阅的选项。如果订阅者失去订阅兴趣，这会使取消订阅变得很容易。

（3）保留用户同意订阅的证据。GDPR 不仅给出了如何收集同意订阅的规则，还要求企业保留相关记录，这意味着企业必须能够提供以下证据：

- 谁同意了？
- 什么时候同意的？
- 用户在同意时被告知了什么？
- 用户是如何同意的？
- 用户是否已经撤回同意？

例如，如果用户同意接收一个企业最新产品的更新列表，他会收到一封电子邮件，要求他确认订阅。如果用户单击了电子邮件中的链接，电子邮件服务提供商会记录该操作。有了这个记录，订阅企业就可以查看每名订阅者的同意时间及他们采用的形式。

GDPR 是订阅业务数字化转型的一次重大飞跃。虽然看起来 GDPR 会给订阅企业带来很多限制，但其实际上会提高订阅业务的声誉，并提高客户的终身价值，因为它要求更高的透明度。显然，及时采取行动实现 GDPR 合规的订阅企业能够更好地把握订阅市场增长和发展所带来的机会。

15.6 自动续订

自动续订对订阅企业和消费者来说是双赢的。对消费者来说，自动续订和付款可以节省时间和金钱；对企业来说，这使企业拥有更好的预测结果并能够提高用户留存率。自动续订可以说是订阅模式的核心流程，非常重要。

BirchBox、eHarmony、Norton LifeLock 等都曾因为自动续订而卷入了官司。

自推出以来，eHarmony 一直是非常受欢迎的约会网站。加入 eHarmony 是免费的，但为了获得高级功能，用户需要升级到付费订阅。付费订阅可让用户查看谁浏览了自己的个人资料，并且可以无限制地发送消息和照片及联系更多匹配的约会对象。

eHarmony 有三种订阅模式：

- 6 个月标准订阅，每月 59.95 美元；
- 12 个月标准订阅，每月 49.95 美元；
- 24 个月标准订阅，每月 39.95 美元。

2018 年，eHarmony 支付了 128 万美元用于解决消费者的诉讼问题。原因是 eHarmony 没有充分解释自动续订的订阅费，没有向客户提供合同，也没有说明客户取消订阅的权利。对于在 2012 年 3 月 10 日～2016 年 12 月 13 日支付了自动收取的订阅费的加州客户，eHarmony 额外支付了 100 万美元的赔偿金。当时的检察官提出，随着订阅业务越来越普遍，消费者需要明确了解自己的权利；订阅企业需要确保客户明确知道自己所支付的订阅费用、所拥有的权利及企业收取费用的频率。

2019 年 4 月，美国联邦贸易委员会宣布与旧金山的食品订阅公司 UrthBox 及其负责人 Behnami 就该公司未能充分披露其"免费试用"的关键条款达成和解协议。UrthBox 向美国联邦贸易委员会支付了 10 万美元，用于赔偿被试用优惠欺骗的消费者。

2016 年 10 月～2017 年 11 月，UrthBox 向消费者提供其零食盒子的"免费试用"，象征性地收取运费和手续费。但是在结账时，消费者会在不知情的情况下自动订阅六个月的零食盒子，费用从 77 美元到 269 美元不等，除非消费者在该计划的订阅日期之前取消。美国联邦贸易委员会声称，UrthBox 违反了《美国联邦贸易委员会法案》第 5 条，未能披露"免费"零食盒报价的关键条款，并且违反了《恢复在线购物者信心法》，未能充分披露其重要条款。

美国加州、哥伦比亚特区、弗吉尼亚州和佛蒙特州等多个地方政府已经制定了自动续订的相关法律。

首先，法律要求在自动续订的基础上销售商品或服务的企业，必须明确披露合同中的自动续订条款和取消程序。

其次，如果企业给出自动续订优惠，初始期限为 12 个月或更长时间，自动续期为一个月或更长时间，企业必须在第一年结束时向用户发送通知，之后每年发送一次，必须通过邮件、电子邮件、短信或手机应用程序等告知用户。通知必须明确披露：除非用户取消，否则合同将自动续签；自动续订期间的商品或服务的成本；用户取消服务的最后期限及取消自动续订的方法步骤。

最后，如果企业向续订期限为一个月或更长时间的付费订阅用户提供免费试用服务，企业必须在试用期结束前 1～7 天通知用户合同将自动续订，并且在向用户收费之前获得用户对自动续订的确认。即使企业已获得用户对免费试用的同意，也必须另外获得用户对自动续订的同意。

各州具体的法律如下。

（1）佛蒙特州。自 2019 年 7 月 1 日起。对于初始期限为一年或一年以上的订阅或合同，如果续订期限超过一个月，企业必须明确说明自动续订条款，并以粗体显示。更重要的是，佛蒙特州的法律要求企业在获得消费者同意时，消费者必须肯定地选择订阅合同，并且单独选择特定的自动续订条款。企业还必须为消费者提供取消订阅或合同的简便方法，并在自动续订前 30～60 天向消费者发送提醒。

（2）哥伦比亚特区。2019 年 3 月 13 日，哥伦比亚特区的《2018 年自动更新保护法》生效。根据新法律，对于免费试用优惠，企业必须获得消费者对自动续订的同意，然后才能和消费者签订自动续订合同。此外，企业必须在免费试用到期前 1～7 天通知消费者自动续订，必须清楚明确地披露该事实并概述适当的取消程序。对于自动续订初始期限为一年或一年以上的合同，企业必须在每次续订前的 30～60 天向消费者发送通知，该通知应清楚明确地说明续订期限内的商品或服务的费用及取消的截止日期等。

（3）北达科他州。从 2019 年 7 月 31 日开始，企业必须清楚明确地说明自动续订条款及有关如何取消的信息（以电子邮件的形式提供，以便能够被消费者保留）；提供一种经济有效、及时和简单的取消订阅的方式（必须在上述确认中说明）。对于在初始期限之后续订超过 6 个月的订阅，企业必须在当前订阅结束前 30～60 天向消费者发出明确的书面通知。对于自动续订条款的重大变更，企业必须向消费者提供明确且明显的重大变更和取消选项的通知。

第 **16** 章

7 个流程

订阅企业与其他传统企业有很多不一样的地方，背后的运作逻辑是完全不同的。订阅企业卖出的是与客户的长期契约，收到的是持续性的现金流。从业务流程、财务体系到支付系统，订阅企业都有一整套新的东西。

订阅企业只有卖出一份份订阅服务才算真正开启了销售业务。这意味着，订阅企业的成功不能用新增订阅数量、新增订阅金额等来衡量，而要看订阅企业能够留住客户多久、订阅者的数量基数有多大、产生的重复性订阅收入有多少。因此，客户留存率是衡量一个订阅企业的最重要指标。如果要打造一个成功的订阅企业，从一开始就必须围绕这个指标来构建客户营销和沟通策略，培养客户忠诚度，降低客户流失率。

订阅企业需要从头到尾快速响应客户的需求。订阅企业不通过批发商、零售商进行销售，也不通过天猫、京东等平台进行销售，其要直接面向客户。因此，订阅企业要存储客户数据，要进行客户沟通，要持续处理客户的账单和收支流程。

很多订阅企业的失败不是因为模式问题，而是因为他们没有从一开始就很好地进行全局规划。下面这 7 个建立订阅企业的大流程（包含 28 个小步骤）值得创业者借鉴，可以避免很多盲目举措。

16.1 流程 1：建立订阅模型

古人云，三思而后行。在开始运作一个订阅企业之前，我们需要好好思考一下如何设计产品与服务、企业的价值主张是什么、订阅服务的价格如何确定、采用何种支付方式等。

16.1.1　步骤 1：看企业业务是否适合采用订阅模式

大部分产品或服务都可以用订阅模式来运作，从音乐、视频、小说到生鲜、化妆品、汽车等。不过，对很多传统产业来说，很多人并不清楚采用订阅模式是否合适，也不了解应该如何应用。

在 10 年之前，汽车产业的从业人员没有想到订阅经济会和汽车产生交集，后来 Zipcar 的订阅服务突然出现了，对汽车产业造成了巨大影响。一时之间，汽车的所有权变得不再那么重要，很多人开始尝试汽车订阅服务，随时可以使用各种汽车。

当然，有一些产品和服务是不适合采用订阅模式的。所以，在尝试之前，我们得明确一个问题：我的产品如果采用订阅模式，是否能更吸引人？

16.1.2　步骤 2：清楚描述订阅企业的价值主张

一旦你决定开启一个订阅服务，就需要清楚地描述价值主张。价值主张就是企业能为客户带来的价值，包括能满足客户的哪些需求、解决客户的哪些问题等。

价值主张是非常重要的，价值主张越清晰有力，订阅企业越可能成功。

Zipcar 的用户可以随时以非常方便的方式租用汽车：注册→支付费用→根据需要订阅汽车。因此，Zipcar 的价值主张就是，去除拥有汽车的种种烦恼，尽享出行的便利。对很多饱受拥堵、停车难困扰的城市居民来说，这个价值主张非常有吸引力。

英国连锁电影院 Cineworld 提供每月无限次观影的订阅服务，只需要 18.9 英镑的月费。Cineworld 的价值主张可以描述为"想看多少次电影就看多少次，不用担心成本"或"电影看得越多越便宜"。

要给出具有吸引力的价值主张，就要先搞清楚订阅服务能带给用户的好处。一般来说，用户可以从订阅服务中获取的益处主要有方便、便宜、省事、惊喜等，如对 Zipcar 的订阅者来说，方便、便宜、省事是主要的好处。

16.1.3　步骤 3：定义计费方式

订阅者会如何使用订阅服务？这会对定价策略产生什么影响？

对实体产品来说，这非常简单，用户消费产品越多，收取的费用就越多。但是对虚拟产品来说，这就有点复杂了。

6 种订阅计费方式如表 16-1-1 所示。

表 16-1-1　6 种订阅计费方式

计费方式	具体说明	案　　例
产品量	按用户购买的产品数量计费	Dollar Shave Club
使用量	按用户的使用次数计费	Zipcar
层级模式	一系列不同的服务包	软件行业
用户量	根据使用服务的用户数量计费	Salesforce
无限	固定费率，内容访问无限制	奈飞、声田、Cups Tel Aviv
混合	几种方式混搭	电信企业

具体使用哪种方式，并没有固定的策略，这取决于企业的业务模式、产品或服务类型，还要考虑企业的目标和战略。在决定之前，我们至少要考虑两个重要的方面：一个是成本结构，包括产品或服务的可变成本；另一个是市场竞争，即是否可以取得竞争优势。

16.1.4　步骤 4：制订价格策略

怎么才能在市场竞争中吸引客户？如何针对不同的细分客户确定不同的价格范围？

如果企业同时具有一次性销售的产品和周期订阅的产品，那么就需要考虑两者定价的关系，这是一种常见的价格策略。例如，报纸既可以单张一次性购买，又可以每月订阅，那么一般来说，订阅相对于单独购买应具有很大的折扣。

另一种常见的价格策略是将部分产品或服务免费提供，然后就更高级的部分收取增值费用，这就是所谓的"免费增值模式"，Dropbox 就是典型案例。Dropbox 的注册用户可以获取 2G 的免费存储空间，但是要想获得更大的存储空间，就要额外付费。

针对不同的细分人群，可以提供不同的订阅服务包。电子书订阅网站 Bookboon 提供两种不同的服务，一种定位于学生群体，另一种定位于企业，两种服务提供不同的内容，价格也不一样。

此外，国际化的订阅企业还需要考虑不同国家之间的区别。全球统一定价是一种选择，不过根据不同国家的具体情况确定不同的订阅费用更为合适。

16.1.5　步骤 5：设计订阅服务包

这一步的设计基于之前计费方式和价格策略的确定。例如，当采取层级收费模式时，我们须根据层级设计不同的订阅服务包。

声田的订阅服务分为免费和付费两种。声田将层级付费和免费增值模式结合在一起，第一层是免费的，目的是吸引更多用户体验流媒体音乐服务，将一部分免费用户转化成付费用户。

不管怎么设计，一定要保持订阅服务的简单性，尤其是在企业创立之初。随着企业的发展，可以逐步增加一些新的订阅服务内容。

16.1.6　步骤 6：设计订阅周期

是按月订阅还是按季度、按年订阅？是给客户一个选项还是多个选项？

一般来说，很多创业者喜欢较长的订阅周期，如 1 年、2 年等。这对企业来说，会有更稳定的业务和更好的现金流；但对客户来说，这未必是最好的，因为这样风险很大。客户需要更高的灵活度，要能随时取消订阅，可以掌握自主权。因此，很多成功的订阅企业都会提供较短的订阅周期，一般为一个月。

不过，如果订阅内容的一次性成本太高，就可以选择较长的订阅周期。客户由于只需要支付较低的订阅费用就可以享受高价值的服务，也会愿意接受较长的订阅周期。

也可以这样设计：给客户提供不同的订阅周期以进行选择，但是较长的订阅周期可以享受较大的折扣，从而激励客户选择更长的订阅周期。

不管如何设计订阅周期，企业的目标是将客户终身价值最大化，这要根据创业者的经验来定了。

16.1.7　步骤 7：设置订阅价格

在设置订阅价格时，创业者通常会先考虑如何收费才能获取利润，然后计算成本、收益，进而确定价格，这种定价方式称为"成本加成定价法"。

不过，更好的考虑角度是"明确客户认为订阅服务的价值有多大"，然后据此设定订阅价格，这称为"目标定价法"。除了考虑客户的支付意愿，还需要考虑竞争者的价格，要比竞争者更具吸引力。

16.1.8　步骤 8：确定支付方式

在国外，客户一般使用信用卡支付订阅费用，因为国外信用卡的普及率非常高，而国内客户肯定优先考虑支付宝或微信支付等第三方支付渠道。

不过，对目标用户是企业或政府等机构的订阅企业来说，还要支持支票、汇票等传统企业大额支付方式，还要能够方便地开具发票。

在某些国家，还需要考虑借记卡、电信扣缴等方式，尤其对于东南亚一些信用卡、移动支付不发达的国家。

16.1.9　步骤 9：明确账单生成流程和催款流程

如何给客户发送账单？何时发送账单？如果客户没有按时付款，如何催款？虽然这些工作很烦琐，但是非常重要，是订阅企业必须处理的业务内容。

是提前发送账单，还是在用户收到订阅内容之后再发送账单？如果提前发送账单，那么要在订阅结束前多少天邀请客户续订？客户是在收到账单之后就可以享受订阅服务，还是必须要在支付成功之后才能使用订阅服务？这些问题都要好好考虑。

如果客户支付失败，企业需要确定提醒用户的时间和方式，以及何时终结订阅服务。

很多使用信用卡支付的客户会遇到信用卡过期的问题。信用卡都有失效时间，用户有时会丢失信用卡或更换信用卡。因此，如果有较多的信用卡支付用户，企业要事先设置好流程以应对这些状况。

16.1.10　步骤 10：撰写订阅合同条款

订阅合同条款一般要涵盖如下内容：服务使用协议、隐私保护条例、支付和发票、取消订阅的政策及违反合同需要承担的后果等。

在合同中要给客户较高的灵活度，客户可以取消、升级、降级订阅服务，或暂停订阅服务。订阅企业要尽可能地吸引用户，让用户能够一直订阅下去。

16.2　流程 2：搭建订阅系统

在所有事项都规划好后，我们需要一个完善的订阅系统来支持业务运营，包括订阅管理、销售和支付、营销推广等。

16.2.1　步骤 11：利用订阅管理系统管理产品、用户和账单

订阅管理系统的作用是管理订阅服务、存储客户数据、收支记账等。

很多企业已经有了 ERP 系统或会计管理系统，用来管理用户账单。不过，这些还不够。传统的 ERP 系统和会计管理系统没办法处理订阅业务。除非你的业务量很少，可以通过手工记账，否则一定要配备一个订阅管理系统。

订阅管理系统的核心功能有 3 个：创建和管理订阅服务、输入和管理客户信息、记录和管理客户账单。

怎样获取一个订阅管理系统呢？如果 IT 能力强，可以自己开发；也可以找专业的机构来定制开发或者购买成熟的订阅管理系统，专业机构有祖睿、

Recurly、Spreedly、SaaSy 等。

自己开发系统的好处是系统和业务的匹配度非常高，运作高效，维护起来也方便。不利的一面是成本高，而且不一定能够紧跟最新的订阅经济趋势。

现成的订阅管理系统一般采用云模式，非常便于使用，只要联网就可以，初期成本也很低，不过要注意系统是否和企业业务相匹配。另外，有些系统会收取订阅分成，这样越到后面，成本会越高。

16.2.2　步骤 12：利用购物系统为客户提供便利

客户要购买订阅服务，必须先下单，然后用信用卡或第三方支付进行支付，这就需要一个系统来自动处理订单和支付。Shopify、Magento、Prestashop 等都可以提供这样的购物系统。

不管使用哪个购物系统，我们必须保证整个支付流程尽可能方便、简单，这非常重要。因为如果支付环节出问题或者很烦琐，企业就会丢失很多订单。必须仔细设计从注册到支付的流程，然后严格地进行测试，确保没有任何问题。

16.2.3　步骤 13：使用合适的营销工具来获取客户

大部分订阅管理系统都只提供非常有限的营销功能，因此一个 CRM 系统或营销自动化系统就很有必要。

一个成功的订阅企业，离不开可以同时管理新增订阅者和已有订阅者的多层次营销渠道。

市面上已有的营销工具非常多样化，有最简单的邮件营销系统、可扩展的 CRM 系统，以及高级的客户关系管理系统等。

16.2.4　步骤 14：将订阅管理系统和其他系统进行有机整合

在我们选好订阅管理系统、支付系统、营销工具后，我们需要将这些系统进行无缝整合，保证数据能够互通。

如果使用信用卡支付，需要将信用卡支付网关整合进支付系统。

订阅管理系统和 ERP 系统之间也需要进行整合，以免需要每天手动导入、导出订阅收入数据。

16.3　流程 3：用户获取

系统已经搭建好，接下来就该将订阅服务推向市场了。这时候，我们得有一个用户获取策略和计划，有效地将订阅服务推广出去。

16.3.1　步骤 15：制订客户获取策略

客户获取是一个持续的过程，一个循环流：制订策略、实施、评估、改进。

首先，要进行客户细分和定位。根据客户的年龄、性别、收入、消费习惯、兴趣爱好、生活习惯等，对不同类型的客户进行细分，然后有针对性地进行营销推广。一般要先区分客户是个人消费者还是机构，个人消费者的决策相对简单，但机构消费者的决策链条长，因此需要完全不同的推广策略。

其次，思考如何冷启动、如何吸引第一批新用户、要给潜在客户提供什么样的激励才能吸引他们尝试订阅服务等问题。最理想的情况当然是价值主张非常吸引人，这样几乎不需要费什么力就可以吸引很多新客户，但在大部分情况下，还是需要提供一些额外的激励措施的。

最常见的一种方法就是首月免费体验，这是奈飞和声田等成功订阅企业已经验证过的、行之有效的策略。大部分客户只要在体验后觉得满意，就会成为付费订阅用户。

16.3.2　步骤 16：开展营销推广活动

当开展一项订阅业务时，首要的工作就是集中时间和资源来获取新用户，仔细规划营销活动并不断进行评估。

一个营销活动要有清晰的目标：在多长时间内获取多少订阅用户、通过哪些营销渠道来接触用户，以及获取每个用户的成本预算是多少。

根据目标和预算策划详细的营销活动，可以帮助我们弄清楚需要投入哪些资源、评估营销推广的总体效果、掌握不同营销渠道的差别。

营销活动的核心是选择正确的营销渠道。营销渠道可以是直接的，通过社交媒体、地推等直接接触客户；也可以是间接的，通过零售商或分销商间接接触客户。大部分订阅企业主要依靠直接营销渠道，因为订阅模式的本质就是跳过中间环节直接接触客户。

直接销售的方式和手段有很多，可以通过公司销售队伍、邮件、百度竞价排名、电视广告、社交媒体等。根据产品和客户的不同，订阅企业应该选择不同的推广方式，然后不断进行测试以确定最合适的方法。

还有一个容易被忽视的渠道——已有客户。如果能够激励已有客户进行口碑传播和转介绍，那么转化率将非常高，成本也将非常低。以 Dropbox 为例，现有用户如果推荐一个新用户，就可以获得 500MB 的免费存储空间，Dropbox 的这个营销活动非常成功。另外，转介绍不仅可以带来新用户，还可以增强已有客户的忠诚度。

16.3.3　步骤 17：管理多个营销渠道

同时通过多个营销渠道开展营销活动，到底哪个营销渠道带来的用户多？哪个营销渠道的转化率高？这时候有必要建立一个营销渠道管理工具，以精确追踪各渠道的营销情况。小型活动可以利用 Excel 表格，但如果有大规模的营销活动，最好选择一个成熟的软件系统。

不管使用哪种营销渠道，都要在各部门培养营销意识，构建全员营销体系。

16.4　流程 4：客户留存

客户留存是订阅企业要考虑的最重要、最关键的问题之一，只有拥有高客户留存率的订阅企业才能走向成功。

A 企业：每月客户留存率为 90%，每月新增 1000 份订阅销售，一年后总订阅数是 7200 份。

B 企业：每月客户留存率为 80%，如果 B 企业要达到与 A 企业同样的总订阅数，那么每月新增订阅要达到 1550 份。换句话说，由于 10%的客户留存率差异，B 企业每月必须多销售 55%的订阅服务才能达到 A 企业的水平。

可见，微小的客户留存率差异也会产生巨大的影响。因此，订阅企业必须付出大量的时间和精力来提高客户留存率。

16.4.1　步骤 18：做好客户服务

首先，要和客户进行良好沟通，提供满意的客户服务。高质量的客户服务是建立客户忠诚度和提高客户留存率的核心。为订阅者提供超过预期的客户体验可以提高客户满意度，从而使订阅者能够继续订阅。

一个重要的方面就是让订阅者可以管理自己的订阅，如暂停订阅服务、修改地址、升级或降级服务、取消订阅等。从本质上来说，订阅是客户和公司之间的一个持续性关系。订阅者需要不时地根据情况来调整自己的订阅服务。因此，订阅企业需要给客户提供改变的自由。

其次，要给订阅者提供多种沟通方式，如邮件、电话、微信、QQ、网页聊天等，方便客户随时反映问题，而企业要及时处理客户的反馈。及时反馈非常重要，即使客户的问题暂时解决不了，也要给客户一个解释说明。客户反馈越及时，用户的信任度就越高。

大部分客户反映的问题都是比较容易解决的，但有一些反馈会涉及客户对产品的不满和抱怨，企业一定要通过客户服务妥善解决这些问题。

美国一项对银行的研究表明，55%的客户从没有抱怨过，其中 89%的客户将银行服务推荐给亲朋好友；在剩下的 45%的客户中，55%的人获得了银行的正面反馈，91%的人依然会将银行服务推荐给亲朋好友。这项研究表明，如果企业能够恰当地处理客户抱怨，反而会加强客户忠诚度，同时该研究也表明用户是很容易产生抱怨的。对订阅企业来说，这项研究非常具有参考价值和启发意义。

16.4.2 步骤 19：重视客户忠诚度管理

在订阅业务中，提供合适的产品与服务、选择合理的价格、提供最好的客户服务等都有助于延长客户在平台的留存时间。不过，这还远远不够。订阅企业需要采取更多的措施来提高客户忠诚度。

简单来说，客户忠诚度管理就是通过给客户提供各种激励、好处等来提高客户的忠诚度和满意度，从而提升客户的终生价值。航空、零售等行业已经有了非常成熟的客户忠诚度管理实践，订阅企业可以借鉴这些企业的经验。

有两种方法可以进行客户忠诚度管理：积分政策、权益政策。

积分政策类似航空里程、信用卡积分，订阅用户每购买或更新一次，就可以获得相应积分。积分可以用于购买新产品或者获取折扣。也可以设计成：客户消费次数越多、使用时间越长，获取的积分就越多。以订阅方式销售肥皂、香水、美容护肤产品等的订阅企业 Scenty 就推出了一个这样的积分计划，用户每消费 1 美元就可以获得 1 个积分。

权益政策则是给用户提供一些专属的权利，可以是公司的产品，也可以是和其他企业合作提供的特权。权益政策在报纸行业非常普遍，可以有效地提升订阅量。英国报纸每日电讯有一个权益政策，就是给订阅用户发放一个订阅者特权卡，持卡者可以获得很多零售、餐饮等合作伙伴的优惠，还可以加入高尔夫俱乐部、美容俱乐部等。

不管采用哪种客户忠诚度管理方式，企业都需要给客户提供一些独特的、具有吸引力的东西。如果利用积分兑换的物品、专属权益等不够特别，就会失去对订阅用户的吸引力，从而导致客户忠诚度管理失败。

16.4.3 步骤 20：建立客户对话机制

经常和客户沟通可以有效地与客户建立良好的关系。因此，建立客户对话机制可以加深客户的参与度，采用邮件、电话、微信、微博、抖音等渠道都可以。不过，现在大部分企业以微博和微信为主，尤其是微信公众号和朋友圈。

首先，订阅企业要针对新用户进行特别对话。新用户不像老用户那样很熟悉订阅服务，他们可能需要特别的支持和帮助才能更好地开始使用订阅产品。此外，刚开始的几个月对于用户留存非常关键。也许你通过免费试用，只用了很短的时间就获取了新用户，但要让新用户认可并付费订阅，就必须要让他们了解到订阅服务的价值。与新用户的良好沟通可以有效地将免费试用用户转化为付费订阅用户。

全球领先的 CRM 软件公司 Salesforce 就打造了一个全面的新用户欢迎流程。新用户在注册并获取免费试用机会后，会收到附有操作指导视频的一系列邮件，这些视频能帮助新用户很快熟悉平台的各项功能和特色，推动新用户向付费用户的转化。

接下来，就是和所有客户持续沟通，告知用户产品的新特色并给出使用指南。最简单的方法就是给所有用户群发邮件或者在网站、微信公众号发布资讯。不过，针对不同客户进行不同的沟通，效果会更佳。

奈飞是世界领先的视频流媒体平台，非常重视和用户的沟通。奈飞会记录用户所有的视频观看行为，然后根据这些行为记录，与用户进行个性化沟通，给不同的用户推荐其可能喜欢的影视内容。

16.4.4　步骤 21：充分利用社交媒体

音乐流媒体平台声田为用户展现其脸书好友正在听哪些歌曲，用户可以将歌单分享给好友。借助社交媒体，声田加强了用户黏性。

通过社交媒体与用户进行沟通是一个培养客户忠诚度和提高客户留存率的好方法，因为在某种程度上，购买、消费并不是一种孤立行为，而是一种社交行为。我们都曾想要购买朋友买过的东西、家人推荐的东西。激励订阅用户使用社交媒体分享订阅服务，可以让用户成为企业的宣传大使。同时，企业利用社交媒体与用户进行沟通，可以创建一个主题社区，激发社区成员的归属感，让社区成员持续订阅。

订阅企业还可以基于订阅服务打造自己的社交网络，让订阅者可以互相沟通交流。Endomondo 是一个专注健身训练的订阅平台，所有用户都可以关注其他用户的健身计划，然后发起挑战。这就把一个人的健身活动变成了一群人的社交活动，一旦用户成为这个社区的一员，就不会轻易离开。

另外，可以支持用户用微信、QQ 等社交网络账号登录，然后让好友看到订阅服务的使用动态。很多订阅企业经常在社交媒体上发起活动并激励用户参与，在社交平台上发布企业产品信息，从而激发社交好友对订阅服务的兴趣。

16.5　流程 5：提升单用户收入

在做好客户吸引和客户留存的同时，订阅企业应想方设法提高每位客户给公司带来的收入。

提升单用户收入一般有两种方法：追加销售和交叉销售。

16.5.1　步骤 22：追加销售

在你走进麦当劳并点了一份汉堡后，服务员可能会问："您还要薯条吗？"这就是追加销售的方法，即让客户消费更多。

如果一家订阅企业有多个不同价格的订阅产品，那么最典型的追加销售的方法就是让低价订阅用户升级为高价订阅用户。以约会网站 Match 为例，这家公司会先卖给客户一个标准的订阅服务，但不久后客户就会发现，如果要使用更多功能，就必须升级到高级订阅服务。

还有一种方法是，订阅产品一旦销售出去，就添加额外的产品或服务，生鲜订阅企业 Seasons 就是这么做的。一旦用户订阅了一周的蔬菜，那么 Seasons 几乎每周都会在用户的下周订阅中添加一些额外的优质产品。

16.5.2　步骤 23：交叉销售

既然客户已经订阅了你的产品，建立了长期关系，那么"顺带"卖给客户一些其他产品是可行的，这就是交叉销售。

在剃须刀订阅服务大获成功后，Dollar Shave Club 决定将产品进行扩展。他们首先增加的产品是剃须油，这和剃须刀非常搭配。之后 Dollar Shave Club 又追加了新产品——厕所湿巾。在剃须刀的订阅基础上，其他产品也获得了较好的销售情况。

16.6　流程 6：流失用户挽回

创建一项订阅业务，意味着我们要不停地获取新用户，而在这个过程中，会不断地有老用户流失，客户流失是订阅企业不可避免的一个问题。

很多人可能会疑惑，为什么要去和那些对产品或服务不满意的人沟通呢？直接开拓新用户不是更好吗？经验显示，挽回流失用户其实是非常有效的策略。毕竟老用户对订阅服务已经有所了解，相对于潜在的新用户，他们更容易转化成付费用户，因此获客成本更低。而且，回归的老用户的终生价值也比新用户更高。

16.6.1　步骤 24：重新吸引流失用户

挽回流失用户需要一系列流程。首先，我们要分析流失客户的行为，弄清楚他们退订的原因和潜在的客户价值；其次，要制订一个详细的计划，明确采取何种措施并给出具体的时间表；最后，对措施进行测试、评估、改进。

需要注意的是，并不是所有的流失用户都值得挽回。因此，在采取措施之前，我们要对流失用户进行评估、分类，分清楚哪些是值得挽回的，哪些是不值得挽回的。

流失用户一般可以分为五类：

（1）主动流失的用户；

（2）非主动流失的用户；

（3）被其他服务吸引的用户；

（4）被竞争对手的补贴吸引的用户；

（5）不再需要订阅服务的用户。

订阅企业需要搞清楚各种用户停止订阅的情形，然后针对不同情形设置不同的客户挽回流程。

如果用户正式提出取消订阅申请，企业就有很好的机会来和用户沟通，询问其取消订阅的原因。如果用户打电话过来，客服人员需要问清楚情况，然后给出解决方案以留住用户。如果用户通过发送邮件提出申请，或自助取消订阅，则需要立即给客户致电，想办法留住用户。

如果用户非正式地提出申请，如不付款等，处理起来会麻烦一些。这时候企业要直接联系客户，想办法化解客户的抱怨情绪，给用户提供良好的帮助，从而有效挽回用户。

在必要的时候，可以考虑利用激励措施来挽回用户，不过，这样做也会鼓励用户的不忠诚行为。在大部分情况下，和用户进行耐心的沟通，解决他们的问题，就足以留下他们。

对订阅企业来说，良好的用户留存机制至关重要，高忠诚度和高留存率可以大大增加客户的终生价值，从而让订阅企业赢利。

16.7　流程 7：数据分析

在前面的流程结束后，最后就是对之前流程产生的数据进行持续追踪和分析，从而不断改进。

订阅企业要明确最重要的绩效评估指标。首先，需要将订阅业务整体模型描述清楚，然后设置订阅绩效指标（SPI）来评估业务运营情况；其次，要设置常规的测量和评估 SPI 的流程；最后，要建立持续改进的企业文化。

16.7.1　步骤 25：对当前的订阅模式进行可视化

这一步要将订阅模型制作成简单易懂的图表，用可视化的形式表达出来。

可视化有助于我们定义清晰的绩效指标、制作分析报告，还可以帮助目标客户和媒体等快速理解订阅业务。

　　订阅模型如图 16-7-1 所示，我们可以清晰地看到影响订阅总绩效的各种因素。显然，我们要获取更多订阅用户，就要关注新增客户，提高免费用户到付费订阅用户的转化率，尽量降低流失率。

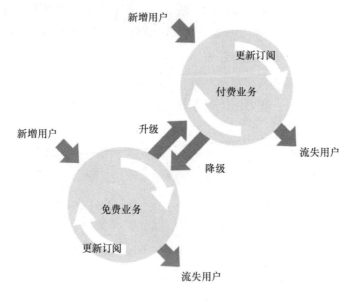

图 16-7-1　订阅模型

16.7.2　步骤 26：明确订阅业务 SPI

　　SPI 可以帮助我们了解哪些行为是有效的、哪些事项是应该优先进行的。SPI 一般包含如下指标。

　　（1）订阅用户总数：这是一个关键指标。

　　（2）单个订阅用户的平均收入，也称为 ARPU（每用户平均收入）：一个时间段内订阅企业从每个用户那里得到的收入。

　　（3）新增订阅用户数：一般用来衡量不同营销渠道的营销效果，或者不同营销活动的活动效果。

（4）单个用户获取成本（Cost Per Acquisition，CPA），有时也用 CPO（Cost Per Order，每单获取成本）表示。

（5）转化率：一个订阅用户从注册、试用到付费各阶段的转化比例。

（6）升级率/降级率：用户从当前的层级升级到更高订阅层级（或降级到更低订阅层级）的比例。

（7）用户流失率：在一段时间内离开用户的数量占用户总数的比例，这是订阅企业最重要的指标之一。

（8）客户终生价值（Customer Lifetime Value，LTV）：结合用户流失率、ARPU，我们可以测算出一个客户给企业带来的总收入。如果订阅企业要赢利，那么 LTV 一定要大于 CPA，即从一个客户身上获取的收益要大于付出的成本。

这些 SPI 都和订阅企业相关吗？是的，所有订阅企业都需要关注这些指标。不过，具体行业的订阅企业还要关注其他 SPI。例如，有些企业需要使用净推荐值指标，计算某个客户向其他人推荐订阅服务的指数，以评估用户转介绍情况。

16.7.3 步骤 27：持续数据追踪和分析

根据 SPI，订阅企业可以从不同部门持续收到各种数据报告，进而可以追踪绩效。

要设置一套绩效报告系统。首先，确定报告频率，有些内容需要按日报告，有些内容需要按周或按月报告。其次，要清楚定义 SPI 的具体标准。例如，一个新增订阅用户的加入时间是从支付那天算起，还是从订阅服务开始的那天算起？如果一个用户因为没有支付而被取消订阅，但两天后又重新订阅了，算不算流失用户呢？这些问题都需要进行详细而清晰的定义。最后，我们要选择一套数据分析工具和系统。如果是小企业，直接用 Excel 就可以了。如果是规模庞大的企业，业务和数据很复杂，那就需要配备一套自动化系统。

16.7.4　步骤 28：不断改进和优化

企业文化非常重要，再怎么强调都不过分。之前所有的步骤、流程都需要人来执行，要长久、准确地执行下去，一定要有强大的企业文化，否则很多流程和规则都会流于形式。

要确保不同的 SPI 都有具体的人来负责，给予负责人职责范围内的权力。

要花大力气构建持续改进的企业文化。员工总有方法降低获客成本、提高转化率、降低客户流失率、提高收入。企业和员工都必须持续思考如何改善这些指标及改进工作流程，不断测试新方法。

16.8　小结

按照上面的 7 大流程来打造订阅企业，不能保证一定成功，但成功的概率会大大提高。

所谓"不打无准备之仗，不打无把握之仗"，如果要创立一家订阅企业，必须事先做好周全的策划与准备，对运营各环节有清晰的认知。

当然，这并不意味着要严格按照这些流程来操作，那就太死板了。不同的企业有不同的情况，必须具体问题具体分析。但这 7 大流程中涉及的订阅收费策略、订阅系统的搭建、用户获取和用户留存技巧、提高收入的方法等，都是值得创业者思考和借鉴的问题。

有了这些参考，订阅创业者的成功概率将大大提高。